MARCEL IMSAND
MAURICE BÉJART

Avec le soutien de la

Fondation Pierre Gianadda
Martigny Suisse

MARCEL IMSAND
MAURICE BÉJART

Présenté par Jean-Henry Papilloud
avec la collaboration de Sophia Cantinotti

17 juin au 20 novembre 2011
Tous les jours de 9 h à 19 h

Léonard Gianadda et Marcel Imsand, automne 1989.

Lausanne le 21 janvier 2009

Chers Léonard et Annette,

Avec émotion et de tout cœur que je vous offre, les photos de ce grand ami Maurice Béjart, génie de la danse et de l'amitié, et qui avait tellement confiance et c'est prêté, sans complexe à mon objectif. Je vous en fais don pour le 30ème anniversaire de la fondation et je sais que vous allez les faire vivre longtemps encore.
Avec toute ma tendresse et mon affection indéfectible.
Je embrasse avec tout mon cœur
Votre ami,
Marcel Imsand.

Olivier, Annette, Léonard et François Gianadda.
Photographie prise par Marcel Imsand, le 23 août 1985, pour les cinquante ans de Léonard.

Des liens d'amitié toujours plus étroits

par Annette et Léonard Gianadda

Cher Marcel,

Une fois de plus, tu nous fais un magnifique cadeau : soixante-trois photographies originales réalisées avec ton ami Maurice durant plusieurs décennies. Un exemple exceptionnel de complicité et d'amitié. Ces œuvres sont déjà des témoignages historiques irremplaçables. Elles sont fondamentales, comme le rôle joué par Béjart dans le monde artistique contemporain. Elles sont uniques, avec le côté secret du chorégraphe dévoilé dans son travail. Elles sont émouvantes, grâce à ton approche discrète et essentielle de la personnalité de notre ami commun. Pour toutes ces raisons, tes œuvres vont perdurer et nous sommes particulièrement fiers d'en devenir les dépositaires. A nous maintenant de les conserver et, surtout, de les partager avec le plus grand nombre.

Il y a quelques années déjà, tu nous as offert la remarquable série des photographies de *Luigi le berger*. Nous avons eu le plaisir de l'exposer à de nombreuses reprises, à la Fondation et ailleurs. *Luigi le berger* occupait nos cimaises durant l'exposition des *Chefs-d'œuvre de la Phillips Collection de Washington* ; *Maurice Béjart* sera présent pendant l'exposition *Monet au Musée Marmottan et dans les Collections suisses.* Ainsi, des milliers de visiteurs auront le privilège d'admirer cette nouvelle facette de ton œuvre.

Sache, cher Marcel, que nous nous réjouissons déjà de l'exposition que nous présenterons l'année prochaine *Marcel Imsand et la Fondation Pierre Gianadda*. Jean-Henry Papilloud, membre de notre Conseil, en sera également le commissaire et, d'ores et déjà, nous lui disons toute notre gratitude pour son engagement fidèle et inconditionnel.

Quant à toi, cher Marcel, c'est du fond du cœur qu'Annette et moi te disons "Merci". Nous t'embrassons.

Léonard

Annette

Coulées dans le bronze, les empreintes
par Gil Zermatten

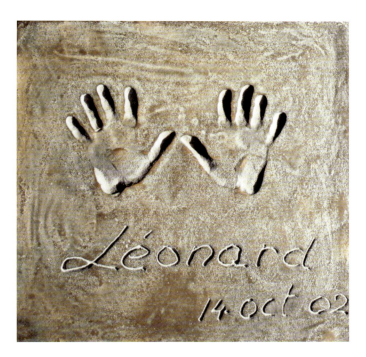

Installation de Maurice Béjart à l'Académie des Beaux-Arts. Photographie prise par Marcel Imsand le 29 mars 1995.

Le danseur, le photographe et le mécène

par Jean-Henry Papilloud et Sophia Cantinotti

A première vue, tout les sépare. Certes, ils sont de la même génération, mais ils sont nés dans des endroits et des milieux très différents. Le premier, fils de philosophe, à Marseille, le 1er janvier 1927 : il sera danseur. Le deuxième, fils d'ouvrier, à Gruyères, le 15 septembre 1929 : il sera photographe. Le troisième, fils d'entrepreneur, à Martigny, le 23 août 1935 : il sera mécène.

Rien ne les prédisposait à se rencontrer un jour, avec leurs trajectoires riches, parsemées de coups de théâtre et de bifurcations inattendues. Mais ne pourrait-on pas tout aussi bien affirmer le contraire et chercher, dans leur vie, les innombrables similitudes, les parallèles étonnants, les signes du destin indiquant les croisements de chemins ? Vu d'ici et de maintenant, il est évident qu'ils devaient se rencontrer. Aujourd'hui, leurs noms sont associés, c'est bien qu'ils ont marché un moment de concert et ont partagé des choses importantes.

Différents et pourtant proches, ils ont fait leurs traces d'une manière si évidente qu'on se demande comment ils ont maintenu le cap. Est-ce dû au fait qu'au centre de leurs actions se trouvent la création dans l'émotion, le partage, la transmission ?

A cet égard, le plus surprenant des trois n'est pas celui qu'on pense.

Reprenons le fil et commençons par l'aîné, Maurice Béjart[1].

Maurice naît à Marseille en 1927. Son père, Gaston, plus tard philosophe à la réputation mondiale, travaille pour un commerce d'engrais organiques.

Est-il destiné à la danse « ce gamin maigre et imberbe aux cheveux gominés, ce gosse aux jambes arquées et au regard triste »[2] ? Enfant, il prend des cours de piano sans grande conviction, aime la lecture et le théâtre. Il n'a jamais vu danser son père, et sa mère s'en est allée bien trop tôt. Il dira plus tard : « Je suis devenu danseur par hasard. »[3] Pourtant, il sacrifie à cet art toute autre carrière. Il a foi en l'avenir et n'a peur de rien. Il avance tête baissée, avec le sentiment de viser un grand but.

---

[1] Sur la vie et la carrière de Maurice Béjart, voir, notamment, Jean-Pierre Pastori, *Béjart secret*, Lausanne, 2007 ; Antoine Livio, *Béjart*, Lausanne, 1972.
[2] Maurice Béjart, *La Mort subite*, Paris, 1990, p. 117.
[3] *Ibidem*, p. 37.

A dix-neuf ans, Maurice abandonne Marseille. Il se lance dans une aventure bien incertaine, mais son instinct dicte ses pas. L'essentiel de sa formation de danseur est acquise à Paris et à Londres. Il n'a suivi qu'un moment la voie académique de son père et ne le regrette pas : « A vingt-sept ans, je fais la *Symphonie pour un homme seul*. A vingt-sept ans, Gaston écrit son Mémoire pour le diplôme d'études supérieures de philosophie... »[4]

C'est donc avec cette *Symphonie pour un homme seul* que le chorégraphe qui l'habite se révèle pleinement. Il utilise un langage qui lui est propre et qu'il déploiera au fil des créations. *Le Sacre du printemps*, en 1959, lui ouvre de nouveaux horizons. L'accueil est triomphal. Le Ballet du XXe siècle est fondé l'année suivante. Avec sa troupe, Maurice Béjart enchaîne les succès : *Boléro, Neuvième Symphonie, Messe pour le temps présent, L'Oiseau de feu, Le Chant du compagnon errant...*

De la société qui l'entoure au monde fascinant de l'Orient, des grands classiques à la musique du XXe siècle, tout est potentiellement source d'inspiration pour Maurice Béjart. Il ne met pas de barrière à ses recherches de chorégraphe. La danse est avant tout un art universel, qui transcende les frontières et les genres que les hommes ont créés. Maurice est un métis culturel. Il se sent partout chez lui.

Cette soif de créer et d'expérimenter s'accompagne d'un désir de transmettre le feu de la danse qui l'anime. Il fonde une première école, Mudra, à Bruxelles en 1970 ; une deuxième, sous le même nom, à Dakar en 1977 ; et une troisième, Rudra, à Lausanne en 1992.

Après vingt-sept années passées en Belgique, une réorientation du Théâtre de la Monnaie le prive de sa principale vitrine. Maurice Béjart décide alors de s'installer en Suisse, à Lausanne. Nous sommes en 1987. Une nouvelle ère débute, avec une nouvelle troupe, le « Béjart Ballet Lausanne », et de nouvelles créations. Ce sont alors : *Dibouk, Le Mandarin merveilleux, Mr. C..., Le Voyage nocturne, Le Manteau, Zarathoustra - le chant de la danse...* Béjart se laisse inspirer par ses interprètes. Il crée pour ceux qu'il a choisis.

Son art de la scène ne se limite pas à la danse. Elle s'étend au théâtre avec *La Reine verte, La Tentation de Saint-Antoine, Les Plaisirs de l'île enchantée...* et à l'opéra avec *Les Contes d'Hoffmann, La Veuve joyeuse, Don Giovanni...*

De plus, à côté des mises en scène, Maurice Béjart écrit. L'écriture traverse sa vie comme un fil rouge. Bercé de littérature dès son enfance – son père lui récite souvent des poèmes allemands et il lit *Faust* à neuf ans –, licencié en philosophie, il se confie à la plume. Ses œuvres littéraires et théâtrales ponctuent toute sa carrière :

---

[4] Maurice Béjart, *La Mort subite*, Paris, 1990, p. 119.

Mathilde, L'Autre chant de la danse, Un Instant dans la vie d'autrui, La Mort subite, A-6-Roc, La Vie de qui ? Le cinéma vient compléter sa démarche artistique : il réalise *Le Danseur* en 1968 ; *Je suis né à Venise*, avec Barbara, en 1976.

Tout son parcours est marqué de rencontres que les hasards de la vie se chargent d'enrichir.

Marcel Imsand est l'une de ces rencontres. Il réalise le premier portrait de Maurice Béjart en 1964. Il est alors au début de sa carrière de photographe indépendant. Né en 1929 à Pringy, près de Gruyères, Marcel est le fils unique d'un ouvrier socialiste originaire du Haut-Valais et d'une couturière de Broc. Rien ne le destine à suivre un parcours artistique. Successivement porteur de pain, pâtissier, mécanicien de précision, il se découvre une passion pour la photographie. Cela l'amène à mener de front deux activités : ouvrier à l'usine durant le jour, photographe le soir, le samedi et le dimanche. Malgré l'aide de Mylène, son épouse, il a de la peine à concilier les deux métiers. En 1964, il décide d'abandonner son travail à l'usine et choisit définitivement la photographie. Il installe son atelier au centre de Lausanne, à la rue de l'Ale 9. Il y est toujours[5].

La qualité de ses travaux lui ouvre des portes : il devient le photographe officiel du Comptoir suisse et du Palais de Beaulieu ; il couvre les spectacles et manifestations de la région.

A demi satisfait par les travaux de commande et les thèmes imposés, Marcel Imsand a besoin d'aller davantage vers les autres, de transmettre, par la photographie, les émotions intenses des rencontres. Le public découvre son approche dans deux tribunes qui ont fait entrer la photographie d'art dans les foyers romands : la fameuse série quotidienne « Les instantanés » dans la *Feuille d'Avis de Lausanne* de 1969-1970, et les portraits pour *Le Sillon romand*, devenu par la suite, *Terre et nature*.

Ce qui lui manque encore dans ces contacts passagers, Imsand le cherche dans des relations de longue durée. Il réussit à traduire des amitiés dans des aventures photographiques qui suscitent l'étonnement et le respect. Issus de rencontres improbables, des moments uniques de partage se concrétisent dans des livres inoubliables : *Luigi le berger, Les Frères, Paul et Clémence*. Sa longue amitié avec Barbara débouche aussi, en 2007, sur un bel ouvrage, *Barbara : la chanteuse et le photographe*.

Avec Maurice Béjart, comme dans toute relation humaine authentique, c'est encore différent. Marcel suit Maurice pendant quarante ans. Il assiste à la plupart de ses spectacles, mais ce sont surtout les répétitions qu'il photographie. Au fil des

---

[5] Pour la biographie de Marcel Imsand, voir *Le Monde en noir et blanc de Marcel Imsand*, Fribourg, 2001 et Jean-Henry Papilloud, *Marcel Imsand*, Martigny, 2008.

Plaque des empreintes de Maurice Béjart, offerte par la Fondation Pierre Gianadda pour la salle Métropole, Lausanne.

années, un remarquable ensemble de portraits du chorégraphe se constitue. Il reflète la confiance réciproque des deux amis. Maurice Béjart accepte de livrer ses émotions créatrices à l'objectif du photographe et Marcel Imsand suit, avec respect et admiration, la danse passionnée du chorégraphe. Ici, pas de mise en scène. Il s'agit de portraits en création. Que nous racontent-ils ? Ils nous disent la force du regard de Marcel, sa sincérité, sa franchise. Est-ce un miroir ? A travers les gestes et les regards de Maurice, c'est aussi Marcel qui se livre.

Cependant, malgré la qualité de la série et l'amitié qui unit les deux artistes, Imsand n'ambitionne pas de consacrer un album à Béjart. Seule l'insistance de ses amis finit par le convaincre. Il ressort de ses cartons les images qu'il avait soigneusement tirées. Un premier livre, *Béjart secret*, paraît. Marcel a le bonheur de présenter le tout premier exemplaire à Maurice, quelques jours seulement avant sa mort.

Un peu plus tard, lorsqu'il s'agit de donner un avenir aux soixante-trois tirages originaux qui sont à la base du livre, l'idée de les offrir à Annette et Léonard Gianadda lui vient naturellement. Pour les 25 ans de la Fondation, il leur avait offert la série originale de *Luigi le berger*[6] ; pour les 30 ans, il leur offre celle de *Maurice Béjart*. Soucieux de la pérennité de ses photographies, Marcel Imsand sait qu'elles sont en de bonnes mains et, surtout, qu'elles continueront à vivre en partage avec le public. Cette démarche est aussi l'occasion de renforcer les liens avec Léonard, ce confrère longtemps ignoré.

La mise en valeur des photographies de Maurice Béjart fait écho à ce qui est en train de se passer avec l'œuvre de Léonard Gianadda. L'exposition et le catalogue de la Médiathèque Valais - Martigny[7] font ressurgir, après cinquante ans d'oubli, les photographies réalisées par le jeune Léonard. Un dernier retour en arrière s'impose. En 1950, Léonard a 15 ans. Avec sa mère et ses frères, il effectue un voyage en Italie à l'occasion de l'Année sainte. Florence, Rome, Naples, lui révèlent les richesses monumentales et artistiques du pays de ses ancêtres. Quelques années plus tard, avec des amis, il anime une galerie d'art à Martigny. Il s'initie aussi à la photographie. Désormais, il ne se déplace plus sans son appareil photo et publie ses clichés dans la presse locale. C'est ainsi qu'il entame, en parallèle à ses études, une carrière de photojournaliste. Cela nous vaut des reportages sur l'Italie en 1952, les Etats-Unis en 1953, l'Egypte en 1956, le Maghreb en 1957. Ses photographies sont publiées dans les journaux locaux et la presse illustrée de Suisse. En 1957, il participe au sixième Festival mondial de la jeunesse et des étudiants à Moscou[8]. Il découvre un autre

---

[6] Marcel Imsand, *Luigi le berger*, Martigny, 2004.

[7] Jean-Henry Papilloud, *Léonard Gianadda, d'une image à l'autre*, Martigny, 2008.

[8] Léonard Gianadda, *Moscou 1957*, Martigny, 2009 ; édition bilingue français-russe, Martigny-Moscou, 2010.

monde et en rapporte 1200 négatifs centrés sur ce qui intéresse tout voyageur désireux de mieux connaître un pays : la vie dans ce qu'elle a de plus quotidien, donc de plus significatif. Cependant, en raison des tensions entre les blocs idéologiques et d'une vive réaction en Suisse contre le « pèlerinage de Moscou », les commanditaires occultent le travail effectué. L'ambition photographique de Léonard est brisée.

Pour le plaisir, il fera encore quelques grands reportages. Ainsi, en 1960, en compagnie de son frère Pierre, il fait le tour de la Méditerranée en quatre mois. Le magazine *Radio TV Je vois tout* publie une série de six articles sur ce périple marquant. De son voyage de noces avec Annette, née Pavid, aux Amériques, il rapporte des centaines de clichés qui resteront dans leurs boîtes.

Quelques-unes exposées, d'autres publiées à l'époque, les photographies de Léonard Gianadda passent au second plan quand le jeune reporter reconnu par ses pairs donne, par dépit et nécessité, une orientation différente à sa carrière. Ressorties par hasard des tiroirs où elles étaient enfermées depuis cinquante ans, elles expliquent, a posteriori et en partie, l'intérêt du mécène pour les œuvres de ses confrères.

Le geste de Marcel touche aussi d'autres cordes sensibles de Léonard. Les photographies lui rappellent le chemin parcouru en compagnie de Maurice Béjart. Elles évoquent des spectacles qu'il a aimés, des rencontres personnelles, les danseurs de la troupe à la Fondation Pierre Gianadda, sa participation à la vie du Béjart Ballet Lausanne.

Comme Marcel, Léonard est impressionné par les premiers ballets que donne Maurice Béjart à Lausanne dans les années 1960. Il est dans la salle lorsque le danseur, déjà auréolé de gloire, révèle au public romand une nouvelle manière de concevoir le ballet. Dans les années 1990, il peut rendre un peu de ce que le maître lui a apporté : appelé au Conseil de fondation du Béjart Ballet Lausanne, il est de tous les événements et apporte sa contribution au rayonnement de la troupe.

Avec l'Ecole-atelier Rudra, Béjart vient à Martigny et donne *Autour de Faust* dans une Fondation entièrement réaménagée pour l'occasion. Tout naturellement, de même que Marcel, Léonard assiste à la fête des septante ans de Maurice à la salle Métropole. Il y rencontre Ruggero Raimondi, qu'il invite à venir chanter, à trois reprises, à Martigny...

L'année 1998 est orageuse. Le 19 mars, le Conseil de fondation du Béjart Ballet Lausanne, qui veut faire entrer en son sein un nouveau membre, procède à une « épuration » et, en son absence, décide de sacrifier Léonard Gianadda. Celui-ci en est profondément affecté. S'il peut comprendre les raisons, il n'accepte pas la manière et gardera, jusqu'aux excuses officielles de la Ville de Lausanne en 2009, cette blessure ouverte. L'épisode n'a heureusement pas d'influence sur les rapports entre les deux amis. Cela se voit sur les photographies qui les réunissent. Comme celle du 23 janvier 2003, lorsque Maurice se prête au rite du moulage des empreintes pour les plaques de bronze. Léonard aurait bien aimé prendre celles des pieds, mais Béjart refuse, car, dit-il, les pieds des danseurs sont trop déformés. Dans une atmosphère amicale, ils évoquent les séances de l'Académie des Beaux-Arts, la réception de l'un sous la Coupole en 1995, la prochaine installation de l'autre, prévue le 4 juin 2003.

Tous ces événements se retrouvent, symboliquement, dans le geste d'hommage que le mécène rend au danseur. En 2009, la Fondation Pierre Gianadda offre à la Ville de Lausanne une copie des empreintes de Béjart pour rappeler, dans la salle mythique du Métropole, ce que le chorégraphe a fait pour la ville, pour la danse, pour l'art en Suisse.

Trois vies, trois destins. La rencontre entre Maurice Béjart, Marcel Imsand et Léonard Gianadda aurait pu rester sans suite. Mais le déclic s'est produit et une amitié profonde est née. Ce n'est pas un hasard, car, dans le fond, ils sont très proches. Il y a en eux ce besoin viscéral de partage : réaliser des œuvres, donner des choses à voir, capter la vie et la communiquer aux autres. Ils éprouvent la nécessité de faire plaisir à tous ceux qu'ils aiment. Et puis, au centre, l'émotivité les habite, qui guide les choix, appelle les rencontres. Chez Maurice Béjart, elle n'est jamais séparée de la performance physique ; elle se cache sous la carrure imposante de l'ingénieur ; on la décèle dans toutes les photographies de Marcel Imsand.

A la fin, devant les œuvres placées sous le signe de l'amitié, une image apparaît, progressivement : nous voyons danser le chorégraphe, sourire le photographe, et le mécène applaudit d'avoir réussi à accrocher deux amis aux cimaises de sa Fondation. A nous, passants, échoit la latitude de retenir ou non ces petits moments d'éternité. Finalement, savoir qui est le plus surprenant des trois paraît moins important. Faut-il vraiment mettre un point final à l'interrogation ? Demeure l'envie d'en savoir un peu plus et de nous replonger dans les photographies pour tenter de percer leur secret. Qui pourrait encore nous aider ? Maurice s'en est allé. Marcel déclare qu'il ne s'exprime pas avec des mots. Léonard ? Le photographe devenu mécène prétend qu'il n'est qu'un passeur. Il faut donc se résoudre à chercher soi-même. A l'exemple de Maurice Béjart à la fin de son livre[9] : « Je ris. Je suis heureux de vivre, de partager sans cesse cet instant, instant dans la vie d'autrui, cet autrui, amour, ami qui est plus moi que ma vie... ma vie... La vie de Qui ?

Où pourrais-je entendre ce soir la musique de Mozart ? »

---

[9] Maurice Béjart, *La Mort subite*, Paris, 1990, p. 241.

Marcel,

Tu recouvres d'amour tout ce que ton troisième œil mitraille. La nature habite ton objectif et les humains grâce à toi le redeviennent un peu.

Merci Marcel

Maurice

Marcel Imsand, Maurice Béjart, Jean-Pascal Delamuraz, Hôtel Beau-Rivage, Lausanne, 1995.

« Ce livre est un labyrinthe, chemin qui avance tout en faisant du sur place, revient sur ses pas, continue, tourne, piétine, débouche sur un autre chemin qui se croise avec le précédent, à moins que le précédent soit un autre et que le temps passé dans ces interrogations qui n'aboutissent qu'à d'autres interrogations soit l'illusion d'un voyage qui reste toujours sur place. »

PHOTOGRAPHIES DE MAURICE BÉJART
par MARCEL IMSAND

L'homme à la rose, 1969.

« Je mets en scène, je peine, je m'amuse, je meurs de joie et d'angoisse, je coupe, je change, je transforme, je remplace un mot par un pas de danse, un pas de danse par un regard, et lorsque je ne sais plus qui danse, qui parle, qui joue, qui pleure, qui meurt... Moi, je m'amuse. »

Maria Casarès et Maurice Béjart dans *Nuit obscure*, 1970.

« La réalité, c'est la terre, cet arbre, l'eau que je vois couler,
le pain que je mange, l'être que j'embrasse… La réalité se touche,
s'étreint. »

« C'est vrai, je n'aime pas les ballets, j'aime faire des ballets. Je ne sais rien faire d'autre, je ne peux rien faire d'autre, et même maintenant, je crois écrire, mais je règle des mots comme on règle des pas. »

Maurice Béjart et Serge Lifar, Palais de Beaulieu, Lausanne.

« Au-delà des livres et des ballets, je cherche! »

Maurice Béjart et Bertrand d'At, répétition au Studio n° 1, Lausanne.

Le voyageur errant de *Ring um den Ring*, 1990.

Le voyageur errant face à Erda, 1990.

Le voyageur errant face à Fafner transformé en dragon, 1990.

Ring um den Ring, dans les coulisses de la Fenice, Venise.

Ring um den Ring, Fenice, Venise.

Ring um den Ring, dans la loge de la Fenice, face au miroir.

Ring um den Ring, dans les coulisses de la Fenice, Venise.

« Partir, c'est toujours vivre... un peu plus, un peu mieux, un peu plus loin, un peu plus près de la mort. »

« L'énergie, je l'ai toujours tirée de ce cosmos dans son aspect le plus simple. Toucher la terre, la sentir, l'embrasser, l'aimer comme un être à la fois corps et pensée. »

Création, Lausanne.

« Je suis devenu danseur par hasard, et aussitôt j'ai joué au chorégraphe, au directeur de troupe, à la vedette internationale et, comme tout bon acteur, j'ai presque cru à mon rôle...
Je regarde ce bonhomme barbu qu'on appelle Béjart et je me dis :
" La bonne blague ! " »

« On rêve de cette danse spontanée, libre, cette danse chaude
comme la vie et facile pour tous. Mais l'art, quel qu'il soit,
suppose un artisanat, un apprentissage lent, pénible et quotidien. »

« Etre sincère. Etre soi-même tout en étant l'autre, tout en étant l'autre à chaque minute, dans chaque circonstance. »

« C'est toujours l'émotion qui me pousse à bouger et me précipite dans des folies, sinon je pourrais rester assis sur une chaise à contempler ce qui se passe. »

« Je suis chez moi dans tous les continents, dans toutes les cultures. »

Au marché, Place de la Riponne, Lausanne.

Visite à Luigi le berger, plaine de l'Orbe.

Séance de pose dans l'atelier de Marcel Imsand, Lausanne.

Répétition au Studio n° 1, Lausanne.

« Je sculpte dans la chair, mais la chair n'est que continuelle transformation et les ballets vivent et meurent au rythme de cette chair dont je ne suis que le serviteur. »

« Alors j'ai continué à jouer avec les pas, avec les poses, avec les gestes, avec les mains… je fais des ballets pour que le public se fasse des histoires. »

« Je ne peux pas concevoir ma vie en dehors de mon travail,
ni mon travail en dehors de ma vie.
Je mets ma vie dans mes ballets et mes ballets dans ma vie,
c'est un jeu de miroirs permanent. »

Dans son appartement, Lausanne.

Dans son appartement, Lausanne.

Avec une photographie de Barbara, offerte par Marcel Imsand.

Répétition de *A-6 Roc*, Théâtre de Vidy, Lausanne, 1992.

« Je suis né dans la planète A.6. ROC. il y a des millénaires. »

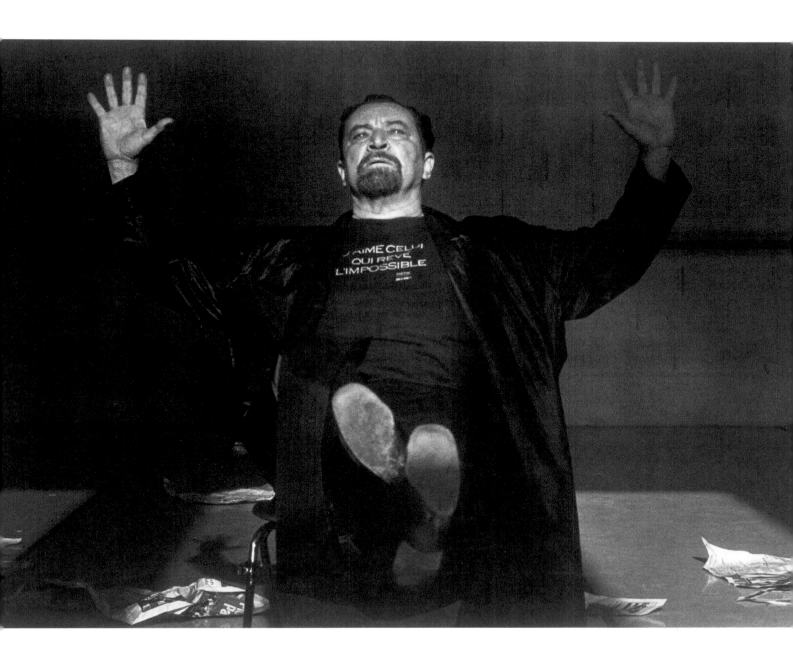

« Il ne suffit pas qu'une idée soit nouvelle, encore faut-il qu'elle soit vraie. »

A-6 Roc, Théâtre de Vidy, Lausanne, 1992.

« Devenir ce voyageur qui hante mes ballets. »

Répétition du *Roi Lear* au Studio n° 1, Lausanne.

Installation à l'Académie des Beaux-Arts, Paris, 1995.

Avec Claude Pompidou et Farah Diba.

Avec la ballerine Maïa Plissetskaïa.

Dans son appartement, Lausanne.

« Je n'ai pas de mémoire, mais un très grand pouvoir de métamorphose, je suis un tel, et puis un tel, parfois Beethoven, parfois le vieux du coin qui est assis sur son banc, parfois aussi Bim, parfois même mon chat, j'ai l'habitude. »

« Echapper à sa propre chronologie est une joie que donnent les rêves. »

Repères biographiques : Maurice Béjart, Marcel Imsand, Léonard Gianadda

par Jean-Henry Papilloud et Sophia Cantinotti

Dates	Maurice Béjart	Marcel Imsand	Léonard Gianadda
1927	1er janvier à Marseille, naissance de Maurice, fils de Gaston Berger, philosophe, et de Germaine Berger.		
1929		15 septembre à Gruyères, naissance de Marcel, fils de Georges Imsand, ouvrier, et de Germaine Sudan.	
1934	Mort de sa mère. Rêve de devenir metteur en scène.		
1935			23 août à Martigny, naissance de Léonard, fils de Robert Gianadda, entrepreneur, et de Liline Darbellay.
1936		Retour à Broc, chez ses parents.	
1938			19 novembre, naissance de son frère, Pierre Gianadda.
1941	Début des cours de danse.		
1944	Etudes de Lettres à l'université. Corps de ballet de l'Opéra.	Départ à Lausanne. Premier emploi comme livreur de pain.	
1946	Saison au Ballet de Vichy. Formation à Paris et à Londres.	Début d'un apprentissage de pâtissier à Vevey.	Etudes classiques au Collège de Saint-Maurice.
1947	Chorégraphies sur des musiques de Frédéric Chopin.	Apprentissage de mécanicien de précision à Saint-Aubin, dans le canton de Neuchâtel.	
1949	Tournée en Suède.		
1950	Réalisation de sa première grande chorégraphie, *L'Oiseau de feu* d'Igor Stravinski, à l'Opéra de Stockholm.	Découverte du développement photographique. Achat d'un Leica.	Voyage à Florence, Rome et Naples avec sa mère et ses deux frères.
1952		Installation à Neuchâtel.	Séjour de deux mois à Naples, puis voyage à Rome et à Florence.
1953	Retour à Paris. Fondation des « Ballets romantiques ».		Quatre mois de découverte aux Etats-Unis. Premiers reportages publiés.
1954	Fondation des « Ballets de l'Etoile », Paris.		Publication des *Voyages en zigzag* (vallée du Rhin, Luxembourg, Vienne, Yougoslavie, Grèce).
1955	Chorégraphie de la *Symphonie pour un homme seul* de Pierre Henry et Pierre Schaeffer, Paris.		Maturité classique à Saint-Maurice. Etudes d'ingénieur civil à l'Ecole polytechnique de Lausanne.
1956	Prix de la Critique pour la chorégraphie de *Prométhée*, sur une musique de Maurice Ohana.	Rencontre de Mylène Dirac, esthéticienne à Neuchâtel.	Direction des fouilles archéologiques à Yens-sur-Morges. Reportage en Egypte.

Dates	Maurice Béjart	Marcel Imsand	Léonard Gianadda
1957	Fondation du « Ballet-Théâtre de Paris ». Chorégraphie de *Sonate à trois*, d'après *Huis clos* de Jean-Paul Sartre, musique de Béla Bartók. Chorégraphie de *Pulcinella*.	Déménagement à Lausanne. Mylène le rejoint.	Rencontre d'Annette Pavid. Reportages sur Paris-Chartes, en Tunisie, à Rome, à Naples et en Sicile. Participation au Festival mondial de la jeunesse et des étudiants à Moscou.
1958	Chorégraphie d'*Orphée*, sur une musique de Pierre Henry, Liège.	12 juillet, mariage avec Mylène. Travail dans une usine de moteurs de camions. 18 décembre, naissance de sa fille, Isabelle Imsand.	Reportages en Espagne et au Maroc.
1959	Chorégraphie du *Sacre du printemps* d'Igor Stravinski au Théâtre Royal de la Monnaie à Bruxelles. Premier grand succès.	Accident professionnel, il perd la moitié de la vision de l'œil droit.	
1960	Fondation du « Ballet du XXe siècle », Bruxelles. Grand prix chorégraphique du Théâtre des Nations, Paris.	26 juin, naissance de son fils, Jean-Pascal Imsand.	Diplôme d'ingénieur civil. Tour de la Méditerranée en VW Coccinelle, avec Pierre. Reportages. Ouverture d'un bureau d'ingénieurs à Martigny.
1961	Grand succès de la chorégraphie du *Boléro* de Maurice Ravel, Théâtre Royal de la Monnaie, Bruxelles. Mise en scène et chorégraphie des *Contes d'Hoffmann* d'Offenbach.	Intérêt croissant pour la photographie. Fréquentation du Théâtre de Beaulieu. Participation au Photo-Club de Lausanne.	Mariage avec Annette Pavid. Voyage de noces de quatre mois aux Amériques. Les centaines de photographies réalisées restent dans leurs boîtes.
1962	Chorégraphie du *Voyage*, musique de Pierre Henry, Cologne. Mise en scène et chorégraphie de *La Reine verte*, Paris.	13 janvier, naissance de sa fille, Marie-José Imsand.	
1963	Mise en scène et chorégraphie de *La Veuve joyeuse* de Franz Lehár. Publication de son premier roman, *Mathilde ou le temps perdu*.		15 mai, naissance de son fils, François Gianadda.
1964	Chorégraphie de la *IXe Symphonie* de Beethoven, au Cirque Royal. Mise en scène et chorégraphie de *La Damnation de Faust* d'Hector Berlioz, à l'Opéra de Paris.	Abandon du travail à l'usine. Photographe indépendant. Couvre les manifestations au Théâtre de Beaulieu (Brassens, Brel, etc.). 17 décembre, mort de son père.	
	Spectacle du Ballet du XXe siècle au Théâtre de Beaulieu, Lausanne. Léonard est dans la salle. Marcel Imsand photographie les coulisses du spectacle. Rencontre avec Maurice Béjart, premiers clichés.		
1965		Atelier au N° 9 de la rue de l'Ale. Rencontre avec Barbara.	
1966	Chorégraphie de *L'histoire du soldat*, texte de Charles-Ferdinand Ramuz, musique d'Igor Stravinski.		25 juin, naissance de son fils, Olivier Gianadda. Voyages en Afrique.
1967	Chorégraphie de la *Messe pour le temps présent*, Festival d'Avignon.		
1968	Chorégraphies de *Bhakti*, musique traditionnelle indienne, et de *La Nuit obscure*, Festival d'Avignon. Film *La vie d'un danseur*.	Reportages pour la presse romande.	Léonard accompagne son frère Pierre dans son voyage de noces à Bornéo et aux Philippines.

Dates	Maurice Béjart	Marcel Imsand	Léonard Gianadda
1969	Chorégraphie du spectacle *Concert de danses*, Festival de musique contemporaine, Royan. Mise en scène des *Quatre fils Aymon*.	Premier livre, *1000 Lausanne*. Première exposition, à Lausanne. Instantanés dans la *Feuille d'Avis de Lausanne*. Photographe officiel du Grand Théâtre de Genève.	Voyage en Asie.
	Représentations du Ballet du XXe siècle (*Nuit obscure, Bhakti...*) au Théâtre de Beaulieu. Marcel y expose des photographies de Maurice réalisées en 1964. Début d'une grande amitié.		
1970	Maurice recrée *L'Oiseau de feu* d'Igor Stravinski pour le Ballet de l'Opéra de Paris, Palais des Sports. Ouverture de l'Ecole Mudra à Bruxelles.	Bourse fédérale des Arts appliqués. Photographe attitré de l'*Encyclopédie illustrée du Pays de Vaud*. Collaboration avec *Le Sillon romand*, devenu *Terre et nature*.	
	Représentations du Ballet du XXe siècle au Théâtre de Beaulieu. Au programme : *Messe pour le temps présent, Hommage à Stravinski...* avec Jorge Donn. Marcel le photographie.		
1971	Chorégraphies du *Chant du compagnon errant* de Gustave Mahler et de *Nijinski, clown de dieu*, Bruxelles.	Bourse fédérale des Arts appliqués. Parution de *La région du Léman*. Collaboration à *Trésors de mon pays*.	Rencontre d'un ami, Philippe Berti.
1972		*Danseurs*, exposition à Genève.	29 janvier, mort de son père.
1973	Chorégraphie du *Marteau sans maître* de Pierre Boulez, Scala de Milan. Créations nées de sa rencontre avec Farah Diba : *Golestan* et *Farah*.	Publication de *Câbleries et tréfleries de Cossonay*.	Achat des premières sculptures, de Daumier et de Rodin. 19 octobre, mort accidentelle de sa mère.
1974	Publication du roman *L'Autre chant de la danse*. Prix Erasme, Amsterdam.	Photographie, durant toute l'année, tous les organismes officiels du canton de Vaud.	
1975	Prix Carina Ari (médaille suédoise de la danse)		
1976	Réalisation du film *Je suis né à Venise*, avec Barbara. Chorégraphie du *Molière imaginaire*, musique de Nino Rota.	Lauréat du Prix des Murailles. Publication de *Carnaval*, cahier de photographies du carnaval de Bâle.	Découverte d'un temple gallo-romain sur le terrain d'un immeuble projeté. 31 juillet, mort accidentelle de Pierre. Décision d'ériger une fondation à sa mémoire, à l'emplacement du temple gallo-romain.
1977	Ouverture de l'Ecole Mudra, à Dakar.	Illustration de *La haute route du Jura*, de Maurice Chappaz. Photographe officiel de *La fête des vignerons*.	24 février, signature de l'acte de la constitution de la Fondation Pierre Gianadda.
1978	Chorégraphies du *Minotaure* et de *Six personnages en quête d'auteur*. Chorégraphie de *Ce que la mort me dit*, musique de Gustave Mahler.		Voyage en Guyane. 19 novembre, inauguration de la Fondation Pierre Gianadda, le jour où Pierre aurait eu quarante ans.
1979	Publication de *Un instant dans la vie d'autrui. Mémoires*. Docteur Honoris Causa de l'Université Libre de Bruxelles.	Grand Prix suisse de la photographie (2e prix). Publication pour les 100 ans du *Grand Théâtre de Genève*.	Mention spéciale du prix européen du Musée de l'année 1978, remis par la reine Fabiola de Belgique.

Dates	Maurice Béjart	Marcel Imsand	Léonard Gianadda
1980	Mise en scène de *Don Giovanni* de Mozart, Genève.		Exposition *Paul Klee* à la Fondation Pierre Gianadda.
1981	Director of Performing Arts du J. F. Kennedy Memorial Center, Paris.		Exposition *Picasso, estampes*.
1982	Chorégraphie de *Wien, Wien, nur du allein*, Bruxelles. Commandeur de l'Ordre de Léopold, Belgique.	Publication de *Paul et Clémence*, suivie d'une exposition au Musée de l'Elysée, Lausanne.	Voyage en Chine avec son fils, François.
1983	Mise en scène et chorégraphie de *Salomé*, musique de Richard Strauss.	Publication de *Evelyne,* portraits d'une actrice.	Exposition *Manguin parmi les fauves*.
1984	Chorégraphie de la *Ballade de la rue Athina*, Athènes. Prix Enrico Cecchetti, Florence. Citoyen d'honneur de Bruxelles.	Médaille de bronze du plus beau livre du monde pour *La fête des enfants*.	Exposition *Rodin,* le premier grand succès public, avec 165 443 visiteurs.
1985		Exposition *Paysages* de Marcel Imsand à la Fondation Pierre Gianadda. Publication de *Saisons du Léman*.	
1986	Chorégraphie de *Kabuki*, Tokyo. Elevé à l'Ordre du Soleil levant. Chorégraphie de *Malraux ou la métamorphose des dieux*.	Marcel Imsand photographie les sculptures pour l'exposition *Alberto Giacometti* à la Fondation Pierre Gianadda.	
1987	Départ de la Belgique et installation en Suisse. Fondation du « Béjart Ballet Lausanne ».	Parution de *Fugues au pays de Gruyère*.	Acquisition de la bourgeoisie de Martigny. Exposition *Toulouse-Lautrec*.
1988	Chorégraphie de *Dibouk*, Jérusalem. Nommé Grand Officier de l'ordre de la Couronne, Belgique.	Grand Prix de la Fondation Vaudoise pour la promotion et la création artistiques.	Membre du Comité d'honneur de la Société des Amis du Musée Rodin, Paris. Prix de la presse de la Télévision Suisse Romande.
1989	Chorégraphie de *1789... et nous.*	Publication de *Vaud, vision de rêve.*	Exposition *Henry Moore.*
1990	Chorégraphie de *Ring um den Ring*, musique de Richard Wagner, Berlin. Chorégraphie de *Pyramide - El Nour.*	Publication de *Luigi le berger.* Parution de *Quotidiens au quotidien*, pour Publicitas.	Exposition *Modigliani.* 17 octobre, membre du Conseil de la Fondation Béjart Ballet Lausanne. Commendatore dell'Ordine al Merito della Repubblica Italiana.
1991	Publication de *La Mort subite*, avec des extraits du journal de son père.	Photographe officiel du Comité International Olympique.	Exposition *Chagall en Russie.*
1992	Fondation de l'Ecole-atelier Rudra. Chorégraphies du *Mandarin merveilleux* de Béla Bartók, et de *Mr C.* sur Charlie Chaplin. Création de la pièce de théâtre *A-6-Roc*, au Théâtre de Vidy.	Illustration du *Pays de Vaud* de Jacques Chessex. *Album de photographies,* de l'Association vaudoise des parents d'handicapés mentaux.	Membre du Conseil de l'Académie de Musique Tibor Varga, Sion. Exposition *Georges Braque.*
1993	Praemium Imperiale attribué par la Japan Art Association.	Campagnes publicitaires pour de grandes marques horlogères.	Exposition *Edgar Degas.*

Spectacle de Maurice Béjart avec l'Ecole-atelier Rudra, *Autour de Faust*, Fondation Pierre Gianadda, Martigny.

Dates	Maurice Béjart	Marcel Imsand	Léonard Gianadda
1994	Elu membre libre de l'Académie des Beaux-Arts. Chorégraphie du *Roi Lear*.	1er janvier, mort de sa mère. 29 mars, mort de son fils Jean-Pascal.	Exposition *De Matisse à Picasso*.
1995	29 mars, installation de Maurice Béjart sous la Coupole. Marcel Imsand et Léonard Gianadda sont présents.		
	Prix Together for Peace Foundation, pour l'engagement de Maurice en faveur de la paix et de la solidarité entre les peuples.	Exposition *Imsand Père et Fils* à Paris. Invité de l'émission *Zig zag café*. 24 novembre, mort de Barbara.	Médaille de Chevalier de la Légion d'honneur. Exposition *Nicolas de Saël*.
1996	Publication des *Mémoires, tome 2 : La Vie de qui?*	Exposition de Marcel Imsand, *Les Frères*, à la Fondation Pierre Gianadda.	
			Exposition *Edouard Manet*.
1997	Prix Pitti Immagine Arte e moda, Florence.	Publication du livre *Les Frères*.	Membre du Conseil d'administration du Musée Rodin, Paris. Insignes d'Officier de l'Ordre des Arts et des Lettres.
	Grande fête à Lausanne pour les septante ans de Maurice. Léonard et Marcel y assistent.		
1998	Grand officier de l'Ordre de l'Infante, Portugal. Masque d'Or pour la danse, Italie. Chorégraphie de *MutationX*.	*Marcel Imsand, photographe*, portrait filmé de la collection Plans-Fixes.	19 mars, exclusion du Conseil de la Fondation Béjart Ballet Lausanne. La Ville s'en excusera en 2009. Membre du Conseil du Musée Toulouse-Lautrec à Albi et de celui de la Fondation Hans Erni à Lucerne.
1999	Chorégraphie du *Manteau*, de Gogol, musique de Hugues Le Bars, Kiev. Lauréat du Prix de Kyoto. *Nijinski de la danse*, Monaco.	Participation à la *La Fête des Vignerons*, Vevey.	Membre fondateur du Conseil de la Fondation Balthus à Rossinière. Expositions *Pierre Bonnard* et *Sam Szafran*.
2000	Reprise du *Mandarin merveilleux* à la Salle Métropole, Lausanne.		L'exposition *Vincent Van Gogh* attire 447 584 visiteurs.
2001	Prix Grand Siècle Laurent Perrier, remis par Jeanne Moreau. Publication des *Lettres à un jeune danseur*. Chorégraphie de *Brel et Barbara*.	Publication du *Monde en noir et blanc de Marcel Imsand*.	Membre du premier Conseil de la Fondation Henri Cartier-Bresson. Elu à l'Académie des Beaux-Arts. 19 août, 5 000 000e visiteur de la Fondation Pierre Gianadda.
2002	Fondation de la Compagnie M, destinée aux jeunes danseurs, et création de *Mère Thérésa et les enfants du monde*, Lausanne.	Marcel Imsand, Annette et Léonard Gianadda marquent leurs empreintes pour les plaques de bronze de la Fondation Pierre Gianadda.	
2003	23 janvier, Prise des empreintes pour la Fondation Pierre Gianadda.	Don de la série de photographies, *Luigi le berger*, à Annette et Léonard Gianadda pour les vingt-cinq ans de la Fondation Pierre Gianadda.	
	Prix Benois de la danse. Reprise de *La flûte enchantée* à l'Espace Odyssée, Lausanne. 31 octobre, Commandeur de l'Ordre des Arts et des Lettres.		Installation sous la Coupole de l'Institut de France, Paris. Citoyen d'honneur de Curino. Expositions *Paul Signac* et *Albert Anker*.
2004	Soirée *Maurice Béjart, cinquante ans de compagnie*, Lausanne.	Exposition avec catalogue, *Luigi le berger* de Marcel Imsand, Fondation Pierre Gianadda.	
	Chorégraphie de *L'Art d'être grand-père*.		Parution du *Musée de l'automobile*.

Dates	Maurice Béjart	Marcel Imsand	Léonard Gianadda
2005	Chorégraphie du spectacle *L'Amour-La danse*, avec des extraits de ses plus célèbres ballets. Chorégraphie de *Zarathoustra - le chant de la danse*, Lausanne.		Don de la collection Szafran, 225 photographies d'Henri Cartier-Bresson. 23 août, Concert de Cecilia Bartoli pour les septante ans de Léonard.
2006	Prix Politika Belgrade.	Publication de *Confidences*, entretiens avec Marie-José Imsand	Inauguration du Musée et Chiens du Saint-Bernard à Martigny. 21 novembre, Ordre de l'Amitié décerné par Vladimir Poutine.
2007	Création de sa dernière œuvre, *Le Tour du monde en 80 minutes*, qui sera exécutée en 2008 à Lausanne. 22 novembre, mort de Maurice à l'âge de quatre-vingts ans.	Exposition avec catalogue, *Marcel Imsand*, Médiathèque Valais - Martigny.	Inauguration de la Bibliothèque de la Fondation Pierre Gianadda à la Médiathèque Valais - Martigny. Insignes de Commandeur de l'Ordre des Arts et des Lettres.
	Publication de *Béjart secret*. Marcel offrira la collection des originaux à Léonard et Annette pour les trente ans de la Fondation Pierre Gianadda.		
2008	La Ville de Lausanne lui dédie une station du métro lausannois.	Publication de *Barbara, la chanteuse et le photographe*.	Publication de *Léonard Gianadda, la Sculpture et la Fondation*. Exposition avec catalogue, *Léonard Gianadda, d'une image à l'autre*, Médiathèque Valais - Martigny.
2009	30 mars, inauguration, à la salle Métropole de Lausanne, de la plaque de bronze des empreintes de Maurice Béjart, offerte par la Fondation Pierre Gianadda.		
		Expositions au Musée gruérien et à Charmey.	Exposition avec catalogue, *Moscou 1957*, Fondation Pierre Gianadda. 29 juillet, création de la fondation Annette et Léonard Gianadda. Exposition *Léonard Gianadda, d'une image à l'autre* au Palais-Lumière d'Evian. 15 novembre, 8 000 000ᵉ visiteur de la Fondation Pierre Gianadda.
2010	Exposition des photographies de Marcel Imsand, *Maurice Béjart,* Château de Longpra, Grenoble.		
		Fondation de l'Association Marcel Imsand pour la sauvegarde de ses archives.	Exposition avec catalogue bilingue, *Moscou 1957* de Léonard Gianadda, au Musée Pouchkine de Moscou et au Musée d'Art de Tula. Expositions *Léonard Gianadda, d'une image à l'autre* à Albi et à Mornant.
2011		4 février, remise des insignes d'Officier de l'Ordre des Arts et des Lettres, Musée de l'Elysée, Lausanne.	17 juin, remise des insignes de Commandeur dans l'Ordre national de la Légion d'Honneur, Martigny.
	Exposition avec catalogue, *Maurice Béjart* de Marcel Imsand, à la Fondation Pierre Gianadda, Martigny.		

Nous tenons à témoigner notre gratitude aux généreux mécènes, donateurs et Amis de la Fondation qui, par leur soutien, nous permettent la mise sur pied de notre programme de concerts et d'expositions.

Nous remercions tout particulièrement :

La Commune de Martigny
L'Etat du Valais

Banque Cantonale du Valais
Banque Julius Bär & Cie SA
Caran d'Ache
Caves Orsat-Rouvinez Vins
Champagne Pommery
Conseil de la culture, Etat du Valais
Fiduciaire Benoît Bender SA, Martigny
Fondation Coromandel, Genève
Fondation Symphasis
Generali Assurances, Martigny
Groupe Mutuel, Martigny
Hôtel La Porte d'Octodure, Martigny-Croix
Journal Le Temps
Le Nouvelliste et Feuille d'Avis du Valais
Les Chemins de fer fédéraux suisses
Loterie Romande
Mandarin Oriental Hôtel, G. et M. Torriani, Genève
M. Dan Mayer, Zoug
M. Daniel Marchesseau, Paris
Mme H. M.-B., Berne
M. J. J. et Mme A. La B., Belgique
Mme Brigitte Mavromichalis, Martigny
Office du Tourisme - Société de développement, Martigny
PAM, Valaisanne Holding SA, Martigny
Rolex
Salon des Antiquaires, Paudex
Swiss Life
Touring Club Suisse Valais
Le Tunnel du Grand-Saint-Bernard
UBS SA

ainsi que:

CREDIT SUISSE

La Fondation Pierre Gianadda

Temple de platine à Fr. 5000.-
Burrus Charles et Bernadette, Boncourt
Caves Orsat SA, Martigny
Debiopharm SA, Rolland-Yves Mauvernay, Lausanne
Devillard SA, Claude Devillard, Genève
Expositions Natural Le Coultre SA, Genève
Gras Savoye (Suisse) SA, Carouge
Hôtel des Bains de Saillon
Hôtel Mercure du Parc SA, Martigny
Kuhn & Bülow, Versicherungsmakler, Zurich
Louis et Mireille-Louise Morand, Distillerie, Martigny
Magnier John, Verbier
Maroger Marie-Bertrande et Jean-Michel, Chemin
Matériaux Plus SA, Martigny
Mobilière Suisse Assurances AG, Sion
Musumeci SPA, Quart, Italie
Nestlé SA, Vevey
Nestlé Waters (Suisse) SA, Henniez
Office du Tourisme, Martigny
Rouvinez Vins SA
SGA, Olivier Stüssi et Seiler Jörg Sion
Société de Développement, Martigny
Société d'Electricité, Martigny-Bourg
Thea Pharma, Clermont-Ferrand, France
Tödi-Tal Foundation, Johannes Matt, Eschen, Liechtenstein
Valmont, Morges
Veuthey & Cie SA, Martigny
Wertheimer Gérard, Genève

Chapiteau d'or à Fr. 1000.-
ACE Versicherungen (Schweiz) AG, Christine Baur, Zürich
Agence Caecilia, Pedro Kranz, Genève
Allianz Assurances, Martigny
Anonyme, Barcelone, Espagne
Anonyme, Zürich
Anthamatten Meubles SA, Bernard Anthamatten, Vétroz
Ascenseurs Schindler SA, Lausanne, succursale de Sion
AXO SA, Henri Barone, Meythet, France
Barbier Marie-Christine, Villars
Barents Maria et Jan, Verbier
Basler Versicherungs-Gesellschaft, Abt. Transportversicherung, Bâle
Bauknecht SA, appareils ménagers, Crissier
Baum Andreas, Tour-de-Peilz
Bemberg Jacques, Lausanne
de la Béraudière Pilar, Genève
Berra Bernard, Martigny
Berrut G. et J., Hôtel Bedford, Paris
Betondrance SA, Martigny
Bétrisey Edouard, Martigny
Bloemsma Marco P., Lausanne
Bonhôte Anne, Anières
Bruchez Jean-Louis, Martigny
de Bruijn Louise et Bernard, Hérémence
BSI SA, Lausanne, Genève
Café-Restaurant «Les Platanes», Fabrice Grognuz, Martigny
Café-Restaurant «Les Touristes», François et Christophe Chomel, Martigny
Cappi-Marcoz SA, agence en douane, Martigny
Cave Gérald Besse, Martigny-Combe
Charles Lucienne, Epalinges
Cligman Léon, Paris
Commune de Bagnes, Le Châble
Compagnie du Mont-Blanc, Jean-Marc Simon, Chamonix
Conforti SA, Martigny
Constantin Martial, Vernayaz
Coop Valais, Châteauneuf-Conthey
Corboud Gérard, Blonay
Couchepin Jean-Jules, Martigny
Cretton Georges-André et Marie-Rose, Martigny
Crittin Myriam et Pierre, Martigny
Cronos Finance SA, Lausanne
Cuendet J.-F., Pully
Driancourt Alain, Genève
Droux Bernard, Mies
En souvenir d'Anthony Liuzzi, Küsnacht
Evian : Les Amis du Palais Lumière
Favre SA, transports internationaux, Martigny
Feldschlösschen Boissons AG, Viège
Fidag SA, fiduciaire, Martigny
Fischer Sonia, Thônex
Fondation du Grand-Théâtre de Genève, Guy Demole, Genève
Fournier Daniel, Martigny
de Franclieu Evelyne, St Geoire en Valdaine, France
Gagnebin Yvonne et Georges, Echandens
Gervais Eric, Stansstad
Gianadda François et Sakkas Yannis, Martigny
Gianadda Mariella, Martigny
Givel Jean-Claude, Lonay
Gonnet Gela et Jean-Claude, Saxon
Grande Dixence SA, Sion
Griot Jean, Louveciennes, France
Groupe Bernard Nicod, Lausanne
Guggenheim Josi, Zurich
Hahnloser Bernhard et Mania, Berne
Hasenkamp Int. Transporte GmbH, Köln-Frechen, Allemagne
Hersaint Evangeline, Crans-Montana
Hersaint Françoise, Crans-Montana
Hôtel-Restaurant Le Transalpin, René Borloz, Martigny-Croix
Huber & Torrent, David Torrent, Martigny
Ideal Fenêtre S.à r.l., Christophe Vuissoz, Sierre
Institut Florimont, Sean Power, Petit-Lancy
Jenny Klaus, Zürich
J.- M. et M.Z.
de Kalbermatten Bruno, Jouxtens-Mézery
Kuhn & Bülow Versicherungsmakler GmbH, Michael Kuhn, Berlin
Laboratoire Anesa SA, André Monnerat, Martigny
Lagonico Carmela, Cully
Lagonico Pierre, Cully
La Poste Suisse, CarPostal Valais Romand Haut-Léman
Les Fils de Charles Favre SA, Sion
Les Fils de Charles Favre SA, Sion
Liuzzi Monique, Küsnacht
Lonfat Raymond et Amely, Sion
Losinger Construction SA, Köniz
Lüscher Rosemarie, Chardonne
Luyet Michel et Didier, Martigny
Maillefer Michel, La Conversion
Mairie de Chamonix
Manor AG, Bâle
Massimi-Darbellay Jacques et Lilette, Martigny
Matériaux Buser & Cie SA, Martigny
Mayer - Shoval, Genève
Morand Mireille, Martigny
Moret Corinne et Xavier, Martigny
Municipalité de Salvan
Murisier-Joris Pierre-André, Martigny
Neubourg Hélène, Pully
Noetzli Rodolphe, Morgins
Odier Patrick, Lombard Odier & Cie, Genève
Oltramare Yves, Vandœuvres
d'Ormesson André, Paris
Pahud-Montfort Jean-Jacques, Monthey
Papilloud Jean-Daniel, Sion
Pharmacies de la Gare, Centrale, Lauber, Vouilloz et Zurcher, Martigny
Ports Francs et entrepôts de Genève SA
Pot Philippe et Janine, Lausanne
Pradervand Mooser Michèle, Chesières
Publicitas Valais
QLC Moret Shop SA, Primeurs, Préville-Fruits SA, Martigny
Regent Appareils d'éclairage SA, Daniel Levy, Le Mont-sur-Lausanne
Reinshagen Maria, Zurich
Restaurant «La Vache qui Vole», Maria et Fred Faibella, Martigny
Restaurant «Le Loup Blanc», Maria et Fred Faibella, Martigny
Restaurant «L'Olivier», Hôtel du Forum, Martigny
Rhôneole SA, Nicolas Mettan, Collonges
Rizerie du Simplon Torrione & Cie S.A., Martigny
Roduit Bernard, Fully
Rossa Jean-Michel, Martigny
de Rothschild Philippine (Baronne), Paris
Röttger Nadia, Paris
Rubinstein Daniel, Crans-Montana
Rügländer Elsbeth et Pierre, Lucerne
Salamin Electricité, Martigny
Salvi Serge, Gümligen

Sanval SA, Jean-Pierre Bringhen, Martigny
Saudan les Boutiques, Martigny
Seiler Hotels Zermatt AG, Christian Seiler, Zermatt
Tarica, Paris
Tecnolab, Jean-Pierre Rochat, Tolochenaz
Tetra Laval International SA, Pully
Theytaz Jean, Vevey
Thierry Solange, Paris
TSM Compagnie d'Assurances, Sandrine Aresky, La Chaux-de-Fond
UBS SA, François Gay, Martigny
Ulivi Construction Sàrl, Alain Ulivi, Martigny
Uniqa Versicherung AG, Zürich
Vannay Stéphane, Martigny
Verbier Sport +, Verbier
Vocat Olivier, Martigny
VS Etanchéité 2000, Sion Martigny
Wehrli Dorothea, Villars-sur-Glâne
Zermatten Doris et Gil, Martigny
Zurcher-Michellod Madeleine et Jean-Marc, Martigny

Stèle d'argent à Fr. 500.-
Accoyer Bernard, Président de l'Assemblée Nationale, Veyrier-du-Lac, France
ACS Voyages - Automobile Club Suisse, Sion
Adank Marie-Loyse, Neuchâtel
Adatis SA, M. Palisse, Martigny
Ambassade de la Principauté de Monaco, Berne
A. Meili S.A., François Meili, Bex
Antinori Ilaria, Bluche-Randogne
Arcusi Jacques, Vacqueyras, France
Art Edition R. + E. Reiter, Hinwil
Association du Personnel Enseignant Primaire et Enfantine de Martigny (APEM)
Bachmann Roger, Cheseaux-Noréaz
Balet Chantal, Sion
Bar tea-room La Libellule, Emmanuelle et Claude Risch, Martigny
Baudry Gérard, Grand-Lancy
Bender Emmanuel, Martigny
Berdat Françoise, Chamoson
Berg-Andersen Bente et Per, Crans
Berger Peter, Pully
Bestazzoni Umberto, Martigny
Bich Sabine, Prangins
Bodmer Henry C.M., Zollikerberg
Bolomey Marianne, La Tour-de-Peilz
Bossy Jacqueline, Sion
Bourban Narcisse, Haute-Nendaz
Bourgeoisie de Martigny
Brandicourt André, Chamonix, France
Braunschweig Georges-Alfred, Genève
Brechtbühl - Vannotti Maria-Nilla, Muri
Bruellan SA, Jean-François Beth, Verbier
Brun Jean-François, Riddes
Brunner Vreny, Caux
Bruttin Gaston, Martigny
Buhler-Zurcher Dominique et Jean-Pierre, Martigny
Burgener Emmanuel, Chemin-Dessous
Buzzi Aleardo, Monaco
Cabal Françoise, La Talaudière, France
Café Moccador SA, Martigny
Café-Restaurant Le Rustique, Emmanuelle et Claude Risch, Martigny
Casella Gérard, Celigny
Cassaz Béatrice et Georges, Martigny
Castino Silvia et Marco, Turin, Italie
Cavé Jacques, Martigny
Chaudet Marianne, Chexbres
Chavaz Denis, Sion
Chevron Jean-Jacques, Bogis-Bossey
Christen Catherine, La Conversion
Claivaz Willy, Haute-Nendaz
Clément Joëlle et Pierre, Galerie Clément, Vevey
Cohen Luciano Pietro, Genève
Collombin Gabriel, Les Granges
Colloredo Valérie, Lausanne
Commune de Randogne, Crans-Montana
Conforti Monique, Martigny
Constantin Jean-Claude, Martigny
Consulat d'Italie, Rossana Errico Bianchi, Sion
Cook Alexandra Neville, Corsier
Couchepin Bernard, Martigny
Crans-Montana Tourisme, Crans-Montana
Crommelynck Landa et Berbig Carine, Paris
Cronos Finance SA, Sergio Diaz, Monthey
Croset Félix, Villars-sur-Ollon
CVS Confort & Cie S.A., Martigny
D. A. (Mme), Martigny
Darbellay Michel et Caty, Martigny
Debons Armand, Martigny
Debons Pierre-Alain, Sion
Delaloye Jean-Pierre, Ardon
Del Don Gemma, Gorduno (Tessin)
Delus-Chassinat Christiane, Lutry
Derome Geneviève, Perrefitte
Di Sambonifacio Luisa, Padoue, Italie
Donette Levillayer Monique, Orléans, France
Droste Vera, Martigny
Dubois Maurice, Villars-sur-Ollon
Ducrey Guy, Martigny
Ducrot Michel, Martigny
Dutoit Michel, Romanel
Ehrsam Jean-Pierre, Aigle
Entreprise Dénériaz SA, génie civil, béton armé, charpentes, Sion
Etude Bernasconi & Terrier, Vincent Bernasconi, Genève
Fardel Gabriel, Martigny
Farine Françoise, Thônex
Feron Patrice, Verbier
Fiduciaire Duc-Sarrasin & Cie SA, Martigny
Fiscel Dominique, Crans-Montana
Fischer Christiane et Jan, Zollikon
Fischer Edouard-Henri, Rolle
Fischer Pierre-Edouard, Prangins
Fixap SA, entretien d'immeubles, Monthey
Fleury Gabriel, Granges
Feux d'artifice UNIC SA, Patrick Gonnin Romans sur Isère cedex, France
Fondation des Chênes, Viviane de Witt, Vandoeuvres
Fourcault Christian, Lyon, France
Galerie Daniel Malingue, Paris
Galerie du Rhône SA, Pierre-Alain Crettenand, Sion
Gastaldo Yvan, Martigny
Gaudin Georges, Sion
Georg Waechter Memorial Foundation, Genève
Gerber Bernadette, Lausanne
Gétaz Romang Service SA, Sion
Gianadda Gilberte, Martigny
Giroud Lucienne, Martigny
G.L.G. Finance SA, Lausanne
Goldschmidt Léo et Anne-Marie, Val-d'Illiez
Gonvers Serge, Vétroz
Grand Chantal, Vernayaz
Grand Emmanuel, Martigny
Grandguillaume Pierre et Cécile, Grandson
Grisard Anneta M., Riehen
Guex-Crosier Jean, Martigny
Guex-Mencia Carmen, Martigny
Gunzinger Annamaria, Binningen
H. Buchard SA, Martigny
Heine Holger, Oberwil
Helvetia Assurances, Jean-Maurice Favre, Sion
H. J., Verbier
Hoebreck Liliane et Jean-Paul, Genève
Hoirie Albert Amon, Lausanne
Hoirie Edouard Vallet, Confignon
Hoirie Jean-Michel Pache, Vernayaz
Hopkins Waring, Paris
Hôtel-Club Sunways, Stéphanie et Laurent Lesdos, Champex
Hôtel du Vieux Stand, Martigny
IDIAP, Institut de recherche, Martigny
Inoxa Perolo et Cie, Conthey
Interarts Riviera SA, Jean-Luc Larguier, Lausanne
Jacquérioz Alexis, Martigny
Jaques Paul-André et Madeleine, Haute-Nendaz
Kaempfer Belinda et Steven, Crans-sur-Sierre
Kaufman Karen, Annecy, France
Kearney-Stevens Kevin et Shirley, Bâle
Kessler Didier, Genève
King Lina, Genève
Klein Gérard, Gstaad
Köhli Josette, Grand-Saconnex
Lacchini Luigi, Lafin Spa, Crémone, Italie
Läderach-Weber Danielle, Saint-Maurice
Lagger Elisabeth, Crans-Montana
Lambercy Jean-Luc, Martigny
Laubhus AG, Rüfenach
Les Fils de Charles Favre SA, Sion
Leutwyler Hans A., Zurich

Levet Jacqueline, Paris
Levy Evelyn, Jouxtens-Mézery
Lorenz Claudine et Musso Florian, Sion
Lüscher Monique, Clarens
Lux Frédéric, Genève
Luy Hannelore, Martigny
Macai Guido, Sion
Magnenat André et Ruth, Lausanne
Magnin Maryvonne, Sion
Maillard Alain, Lausanne
Malard Raoul et Brigitte, Martigny
Marcie-Rivière Jean-Pierre, Paris
Marclet-Truschel Jacqueline, Haute-Nendaz
Martin Nicole, Paris
Masson Nicolette, Pully
Maus Bertrand, Bellevue-Genève
Micarana SA, Courtepin
Michellod Gilbert, Monthey
Merz Otto, pasteur, Uitikon
Möbel-Transport AG, Zürich
Mol Jan, Les Marécottes
Morand Tatjana et Julien, Fully
Morard Jacques, Fribourg
Motel des Sports, Jean-Marc Habersaat, Martigny
Nordmann Serge et Annick, Vésenaz
Nydegger Simone-Hélène, Lausanne
Oesch Christine et Kurt, Lausanne
Orsinger Yves, Martigny
Pain Josiane et Alfred, Londres
Pasquier Bernadette et Jean, Martigny
Paternot-Lindgren Monica, Lausanne
Peppler Wilhelm, Ruvigliana
Perolo Raymond, Uvrier-Sion
Perrig Antoine, Sion
Pfister Paul, Bülach
Piasenta Michelle et Pierre-Angel, Martigny
de Pierre Gilbert, Brigue
Piota SA, combustibles, Martigny
Pomari Alessandra, Minusio (Tessin)
Poujardieu Pierre-Emmanuel, Paris
Pradervand Daniel, Martigny
Pralong Jean, Saint-Martin
Primatrust SA, Philippe Reiser, Genève
Probst Elena, Lisbonne, Portugal
Proz Liliane et Marcel, Sion
Psotta Isolde, Prilly
Putallaz Mizette, Martigny
Pysarevitch Michel, Martigny
Rabaey Gérard, Blonay
Ramazzotti-Michels Marie-Christine, Mondercange, Luxembourg
Ramoni Raymond, Cossonay
Restaurant «Le Bourg-Ville», Claudia et Ludovic Tornare-Schmucki, Martigny
Restaurant «Le Catogne», Sylviane Favez, Orsières
Restaurant «Sur-le-Scex», Marie-France Gallay, Martigny-Croix
Rhône-Color SA, Sion
Ribail Isolde, Sion

Ribet André, Verbier
Ribordy Guido, Martigny
Rich Louise et Patrick, Crans-Montana
Riesco José, Martigny-Bourg
Righini Charles et Robert, Martigny
Roccabois-Roccalu, Pierre-Maurice Roccaro, Charrat
Roggli Helga et Georges, Brent
Romerio Arnaldo, Verbier
Rossati Ernesto, Verbier
Rouiller Mathieu, Martigny
Rywalski II SA, Martigny
Saraillon Serge, Martigny
Schenk Francis, Genève
Schober Bruno, Ascona
Schulthess, Roland Heiniger, Muntelier
Schupbach Daniel, Yvorne
Société des Cafetiers de la Ville de Martigny
SOS Surveillance, Glassey SA, Martigny
Sottas Bernard, Bulle
Spaethe Liliane et Dieter, Creux-de-Genthod
Stenikap SA, Bruno Kapferer, Bercher
Synthis Sàrl, Serge Berger, Massongex
Tardy André-Pierre, Coinsins
Taugwalder Elisabeth, Sion
Taverne de la Tour, Martigny
TCM Accessoires S.à r.l., Adriana Cavada, Martigny
Thétaz Anne-Marie et Pierre-Marie, Orsières
Thompson Gerry et Ken, Martigny
Tissières Chantal et Pascal, Martigny
de Traz Cécile, Martigny
Trèves François et Catherine, Paris
Trèves Martine, Coppet
de Tscharner Richard, Coppet
Valloton Henri, Fully
Vêtement Monsieur, Martigny
Visentini Nato et Angelo, Martigny
Vocat Colette, Martigny
Von der Ropp Catherine, Baronne, Lausanne
Von Ro, Daniel Cerdeira, Charrat
Von Tscharner Catharina, Gryon
Vouga Anne-Françoise, Cormondrèche
Vouillon Giselle, Belleville, France
Vouilloz Liliane et Raymond, Fully
Wartmann Karl, Thônex
Weil Suzanne, Crans-Montana
Wenger Fritz, Ecublens
Wiswald Jean-Pierre, Lausanne
Zambaz Jan, Morat
Zuchuat Yvon et Raymond Gaston, Martigny
Zurcher Jean-Marie et Danièle, Martigny
Zwahlen & Mayr SA, Aigle

Colonne de bronze à Fr. 250.-
Aboudaram Gilbert, Martigny
Abriel Aline, Martigny
Abrifeu SA, Anne-Brigitte Balet Nicolas, Riddes
Adam-Von der Gathen Claudia, Sion
Adler Antoine, Chesières

Aebi Jean-Marc, Savigny
Aepli André, Dorénaz
Agid Michèle, Chamonix, France
Aguilar Liliane, Granois
Air-Glaciers SA, transports aériens, Sion
Albertini Sylvette, Verbier
Alex Sports, Les Boutiques SA,
Alex Barras, Crans-Montana
Alksnis Karlis, Genève
Allegro-Grand Béatrice, Grône§
Allisson Jean-Jacques, Yverdon-les-Bains
Alpatec SA - Ingénieurs Civils, Martigny
Al-Rahal Angela, Genève
Alter Max, Bovernier
Altherr Marco, Chermignon
Ambrosetti Molinari, Mme et M., Savone, Italie
Amedeo Giovanna, Luxembourg
Amherd Jean, Chambost-Longessaigne, France
Amy-Bossard Christiane, Zinal
Andalouse-Import-Export, Smahane Elghannaoui, Khemisset, Maroc
Andenmatten Arthur, Genève
Andenmatten Roland, Martigny
Anderssen Pal, Martigny
Andrey Olivier, Fribourg
Annen Josiane, Muraz
Anonyme, Genève
Anonyme, Genthod
Anonyme, Lausanne
Anonyme, Lausanne
Anonyme, Meillerie, France
Anonyme, Mont-sur-Lausanne
Anonyme, Sarreyer
Anonyme, Val-d'Illiez
Anonyme, Versailles, France
Anonyme, Vétroz
Antonioli Claude-A., Genève
Apelbaum Alexandre, Crans-Montana
d'Arcis Yves, Pomy
Ardin-Scheibli Maria-Pia, Siviriez
Arlettaz Albert, Vouvry
Arlettaz Daniel, Martigny
Arnaud Claude, Lausanne
Arnold Annika, Gilly
Arnold René-Pierre, Lussy-sur-Morges
Artillan Paule, Vaison-la-Romaine, France
Arts et Culture – Francophonie, Arthur de Guio, Meillerie, France
Arts et Vie, résidence de loisirs, Samoens, France
Ashby Robert K., Zurich
Association Musique et Vin, Jacques Mayencourt, Chamoson
Atelier d'Architecture, Chevallaz & Associés SA, Martigny
Atelier d'Architecture, John Chabbey, Martigny
Atelier Jeca, Catherine Vaucher-Cattin, Les Acacias
Atelier Palette Albertvilloise, Albertville, France

Aubailly André, Orléans, France
Aubaret-Schumacher Charlotte, Genève
Aubry Jean-Michel, Chêne-Bougeries
d'Auriol Olivier, Lausanne
Ausländer Alexandra, Lausanne
Auto-Electricité, Missiliez SA, Monthey
A. Varone SA, vitrerie, Martigny
Avilor S.à r.l., Benoît Henriet, Schiltigheim, France
Bachala Maggy, Saint-Mars-du-Désert, France
Badoux Jean-René, Martigny
Bagutti Sport Sàrl,
 Isabelle Bagutti, Martigny
Bagnoud Dominique et Jean-Richard,
 Chermignon
Balma Manuela et Marc-Henri, Chancey,
 France
Bamberger Béatrice, Neuchâtel
Barbey Daniel, Genève
Barbey Marlyse et Roger, Corsier
Baroffio Marceline et Pierre, Renens
Barras Patrick, Crans-Montana
Barras Renée, Crans-Montana
Barriera Lydie, Ravoire
Barth-Maus Martine, Genève
Bartholdi, Paul, Nyon
Bartoli Anne Marie, Evian-les-Bains, France
Baruh Micheline, Chêne-Bougeries
Baseggio Marcello, Ollon
Baseggio Olivier, Saint-Maurice
Batruch Christine, Veyrier
Baumgartner Jacqueline et Edouard, Pully
Baumgartner Pierre et Marguerite,
 Ostermundigen
Baumgartner Véronika, Ittigen
Baur François et Martine, Rillieux, France
Beaudiez Alain, Bougival, France
Beaumont Olivier, Lausanne
Bed and Breakfast «Le Gîte»,
 Serge Favez, Orsières
Bédard Robert, Genève
Bedoret Edith, Crans-Montana
Beer Elisabeth et Heinz, Meiringen
Beijers Marie-José, Salvan
Belet Louis-Ph., Vendlincourt
Belgrand Jacques, Belmont
Belleux Dominique François, Morges
Bellicoso Michel Antonio et Oxana,
 Martigny-Croix
Benczi Françoise, Zurich
Bender Laurent et Benoît, Martigny
Bender Yvon, Martigny
Beney Jean-Michel, Venthône
Berclaz Simone, Orsières
Berg Peter Torsten, Grande-Bretagne
Bergerat Sebastien, Genève
Berguerand Anne, Martigny
Berguerand Luc, Martigny
Berguerand Marc, Nyon
Berkovits Maria et Joost, Hoofddorp,
 Pays-Bas

Berlie Jacques, Miex
Bernais Christiane, Montfavet, France
Bernard Nicole, Paris
Bernard Sophie et Jacques, Sion
Bernasconi Giancarlo, Massagno
Bernasconi Sylvie, Troinex
Bernheim Hedi et ses Amis, Olten
Berrut Jacques, Monthey
Berthon Emile, Grilly, France
Bertrand Catherine, Genève
Besse Nicole, Chamoson
Bessèche Alain, Echichens
Besson Mireille et Pascal, Pully
Bessot Françoise, Franois, France
Bestenheider Eliane, Crans-Montana
Betschard Isabelle, Thônex
Biaggi André, Martigny
Bich Aintoine, Nyon
Bideaux Alain, Foucherans, France
Bijouterie Zbinden, Michelle Zbinden, Genève
Bircher Carole, Verbier
Birkigt Françoise, Vouzon, France
Bischof Louis et Jeannette, Muntelier
Black Findlay, Verbier
Blanc Jacky, Monthey
Blanc-Benon Jean, Lyon, France
Blaser Heinz Paul, Sion
Bloechliger-Gray Sally et Antoine, Jongny
Blum Jean et Tatiana, Gstaad
Boada José, Genthod
Boers Ettie et Robert, Kerns
Boiseaux Christian, Annecy, France
Boissier Marie-Françoise, Verbier
Boissonnas Jacques et Sonia, Thônex
Bollin Catherine et Daniel, Fully
Bollmann Jürg, Villars-sur-GBolze Maurice,
 St-Peray, France
Bonnet Françoise, Crans-Montana
Bonvin Antiquités, Nicolas Barras, Sion
Bonvin Gérard, Crans-Montana
Bonvin Louis, Crans-Montana
Bonvin Roger, Martigny
Bonvin Rosemary, Monthey
Bonvin Venance, Lens
Bordet Gaston, Besançon, France
Borgeaud Diaz Omar Esteban, Temuco, Chili
Bossy Jean-Daniel, Salvan
Bottreau Jean-Claude, Sallanches, France
Boucherie Bruchez Oreiller, Jocelyne Oreiller,
 Verbier
Boucheron Alain, Zermatt
Bourban Pierre-Olivier, Haute-Nendaz
Bourcart Jean-Patrick, Pully
Boutique Carré Blanc, Madeleine Lambert,
 Martigny
Bouzonnet Julien, Grenoble, France
Bovier Josiane, Clarens
Bretz Carlo et Roberta, Martigny
Brichard Jean-Michel, Bar-le-Duc, France
Bridel Frank, Blonay
Briguet Florian, Saillon

Briner Janet et Robert, Conches
Broccard Claude, Martigny
Brochellaz Philippe, Martigny
Brodbeck Pierre, Fenalet-sur-Bex
Broekman - Van der Linden Queenie,
 Hilversum, Pays-Bas
Brossy Liliane et Claude, Echandens
Bruchez-Delaloye Georgette, Chamoson
Bruchez Martha et Jean-Pierre, Martigny
Bruchez Pierre-Yves, Martigny
Bruellan SA, Crans-Montana
Brummer Sara et Peter, Martigny
Brun Francis, Lyon, France
Brun Jacques, Megève, France
Brünisholz Lynda, Champéry
Buchs Jean-Gérard, Haute-Nendaz
Buchser Pascal, Tolochenaz
Bugnard Valérie, Monthey
Buholzer Marie-José, Genève
Bullman Anthony, Verbier
de Buman Jean-Luc et Marie-Danièle, Cully
Bumann-Hoogendam Annemieke, Saas-Fee
Burdet Michèle, Chesières
Bureau d'ingénieur Zanfagna et Troillet,
 Hugo Zanfagna, Martigny
Bureau Technique Moret SA, Martigny
Bürer Jung-Soon, Vouvry
Buriat Jean-Louis, Paris
Burki Marcel, Lausanne
Burri-Dumrauf Irma et Pierre, Croix-de-Rozon
Burrus Yvane, Crans
Buser Niklaus et Michelle, Le Bry
Buyle Stéphan, Bruxelles
Café-Restaurant Diagonal, Jean-Louis Thomas,
 Martigny
Café-Restaurant de Plan-Cerisier,
 Martigny-Croix
Café-Restaurant Relais des Neiges,
 Anne-Marie Blanchard, Verbier
Caillat Béatrice, Corsier Port
Caille Suzanne, Prangins
Calderari Alberto, Ecublens
Caloz Varone Chantal, Sion
Campanini Claude, La Chaux-de-Fonds
Campion Patricia et Jean-Claude, Savièse
Camporini Yolande, Bossey, France
Cand Jean-François, Yverdon-les-Bains
Candaux Rosemary, Grandson
Cardana Cristiano, Verbania-Pallanza, Italie
Carenini Plinio, Bellinzone
Carron Anita, Martigny
Carron Annie et Michel, Riddes
Carron Josiane, Fully
Carteron Ghislaine, Montreux
Cartier Jacqueline, Genève
Castella Pascal et Eliette,
 Saint-Pierre-de-Clages
Castelnau Jean-Louis et Anne,
 Neuilly-sur-Seine, France
Cauvin Pascale, Paris
Cavallero Yolande, Vandœuvres

149

Cave de Bavanche, Anne et Pierre-Gérard Jacquier-Delaloye, Savièse
Cavelli Fausta, Cavigliano
Caveau des Ursulines, Gérard Dorsaz, Martigny-Bourg
Caveau du Moulin Semblanet, Marie-Claire Merola, Martigny
CDM Hôtels et Restaurants SA, Lausanne
Ceffa-Payne Gilbert, Veyrier
Cellier du Manoir, vinothèque, Martigny
Centre culturel du Hameau, Verbier
Cercle du Marché, Vevey
Cert SA, Martigny
Cesaris Filippo, Milan, Italie
Chable Daniel et Laurence, Chexbres
Chalier Jean-Pierre, Genève
Chalvignac Philippe, Paris
Chambaz Roland, Les Agettes
Chandon Moët Jean-Remy, Lausanne
Chapon Jean, Triors, France
Chappuis Nicole, Vessy
Chappuis Robert, Fribourg
Charalabidis Catherine et Kosta, Bry-sur-Marne, France
Charles Françoise, Voisins-le-Bretonneux, France
Charles Jean-Pierre, Baden
Charpentier Laurent, Annecy, France
Charton-Furer Joelle et Thierry, Venthône
Chatagny Noëlle, Fribourg
Chatagny Rodolphe, Gland
Chatillon Françoise, Laconnex
Chaussures Alpina SA, Danielle Henriot, Martigny
Chavan Bernadette et Jean-François, Pully
Chavaz Xavier, Sion
Cherpitel Nicole et Didier, Crans
Chevalier Bernadette, Genève
Chevrier Emmanuel, Sion
Chouraqui Gérard, Blonay
Citroen Olga, Villars-sur-Ollon
Clair M.-Charlotte, Paris
Clausen Rose-Marie, Savièse
Clèdes Pierre-Paul, Lyon, France
Clerc Jean-Michel, Fully
de Clerck Christine, Crans-Montana
Clivaz Fabienne, Genève
Clivaz Marlyse, Chermignon
Clivaz Paul-Albert, Crans-Montana
Closuit Jean-Marie, Martigny
Closuit Léonard, Martigny
Cochet Yvonne, Meudon, France
Coiffurama, Martigny
Collège de Bagnes, Le Châble
Collette Monique, Dorénaz
Colomb Geneviève et Gérard, Bex
Comba Ina, Nyon
Commune de Martigny-Combe
Commune de Vouvry
Compagnies de Chemins de Fer, Martigny-Châtelard, Martigny-Orsières

Comte Genevieve et Hervé, Pharmacie de la Gare, Martigny
Comte Philippe, Genève
Comutic SA, Martigny
Coppey Charles-Albert et Christian, Martigny
Copt Marius-Pascal, Martigny
Copt Simone, Martigny
Coquoz Edouard, Genève
Corbaz Yvonne, Montreux
Corm Serge, Rolle
Côté Voyages, Françoise Poncioni, Martigny
Cottier Antoinette et Denis, Morges
Couchepin François, Lausanne
Courbe-Michollet Arlette, Chamonix, France
Courtière Sophie et Jean, Arbaz
Cousin Bernard, Fleurier
Cowie Peter et Françoise, La Tour-de-Peilz
Cravino Luigi, Frassinello, Italie
Crettaz Arsène, Martigny
Crettaz Fernand, Martigny
Crettaz Monique, Conthey
Crettaz Pierre-André, Riddes
Crettenand Dominique, Riddes
Crettenand Narcisse, Isérables
Crettenand Simon, Riddes
Crettex Bernard, Martigny
Cretton Bernard, Monthey
Crot Eric, Yverdon-les-Bains
Cuennet Marina, Pailly
Cugnardey Jean Gaston Ernest, Le Tholonet, France
Cusani Josy, Martigny
Cuypers Marc, Martigny
Cycles Passion, Alain Peruzzi, Bulle
D. G., Neuilly-sur-Seine, France
Dallenbach Monique et Reynald, Chemin
Dallèves Anaïs, Salins
Dandelot Maurice, Aïre - Le Lignon
Dapples-Chable Françoise, Verbier
Darbellay architectes, Martigny
Darbellay Carrosserie - Camping Car Valais SA, Martigny
Darbellay Gilbert, Martigny
Darbellay Laurent et Barbara Moor, Martigny
Darbellay Paule, Martigny
Darbellay-Rebord Béatrice et Willy, Martigny
Darioly Michel, Martigny
Dayer Francis, Monthey
Dean John, Verbier
Debenedetti Guido, Peschiera Borromeo Milan, Italie
Debrunner SA, Philippe Darbellay, Martigny
Décaillet Marthe, Martigny
Decrausaz Olivier, Rossens
Defago Daniel, Veyras
Del West Europe SA, Roche
Dela Artur, Crans-Montana
Delacretaz Bernard, Lausanne
Delafontaine Jacques, Chardonne
Delaloye Eric, Sion
Delaloye Lise, Ardon

Delamuraz-Reymond Catherine, Lausanne
Délèze Marie-Marguerite, Sion
Della Torre Carla, Mendrisio
Deller Maurice, Mollie-Margot
Delli Zotti Marie-Louise, Lausanne
Delmi-Bagnoud Nadine, Vandoeuvres
Delruelle Jean-Claude, Verbier
Dély Isabelle et Olivier, Martigny
Depta Paul, Fully
Derron Bernard, Môtier-Vully
Deruaz Anne, Vésenaz
Derveloy Gérald, Martigny
Desbois Gérard, Saint-Louis, France
Desmond Corcoran, Londres
Devaux Marc, Sallanches, France
Dewé Ghislaine et Alain, Crans-Montana
Dexia Banque privée SA, Lausanne
Diacon Philippe, La Tour-de-Peilz
Diethelm Roger, Saxon
Dini Liliane, Savièse
Dirac Georges-Albert, Martigny
Dolmazon Jean, Samoens, France
Dorsaz François, Martigny
Dorsaz Léonard, Fully
Dorsaz Michel, Martigny
Dorsaz Pierre, Verbier
Dougoud Maurice, Saint-Sulpice
Dovat Viviane, Cointrin
Doy Jacques et Nella, Anières
Dreyfus Pierre et Particia, Bâle
Driancourt Catherine, Hermance
Droguerie-Herboristerie L'Alchimiste, Martigny
Droz Marthe, Sion
Duboule Pierrette, Martigny
Duboule Claivaz Stéphanie, Martigny
Duche Bernard, Clichy-sous-Bois, France
Duclos Anne et Michel, Chambésy
Ducreux Marie et Philippe, Evian-Les-Bains, France
Ducrey Jacques, Martigny
Ducrey Nicolas, Lausanne
Ducry Alexandre et Ott Alexandra, Martigny
Ducry Danièle et Hubert, Martigny
Dumas Françoise et Jacques, Annecy-le-Vieux
Dupas Jean-Pierre, Lausanne
Duperrier Philippe F., Aire-la-Ville
Duplirex, L'Espace Bureautique SA, Martigny
Dupourque Marie-Laure, Evian-les-Bains, France
Dupuis Claudine, Lausanne
Durandin Marie-Gabrielle, Monthey
Duriaux André, Genève
Dutoit Bernard, Lausanne
Echaudemaison Max, Maisons-Alfort, France
Edmondson Ian, Champex-Lac
Ehrbar Ernest, Lausanne
Electricité d'Emosson SA, Martigny
EMC Gestion de Fortune SA, Raoul Jaquier, Genève
Emonet Marie-Paule, Martigny

Emonet Philippe, Martigny
Energissimo Sàrl, Chamonix, France
Erba Catherine et Rémy, Saignelégier
Escallier Marianne, Domène, France
Etude d'avocats MCE, Colette Lasserre Rouiller, Lausanne
Eureka Eventi d'Arte di Massimo Picchiami, Viterbo, Italie
Faessler Georges, Pully
Falbriard Jean-Guy, Champéry
Faller Bernard, Colmar, France
Fallou Pierre-Marie, Artenay, France
Famé Charles, Corseaux
Fanchamps Nadine, Zermatt
Fardel Jacqueline, Clarens
Fauquex Arlette, Coppet
Faure Isabelle, Minusio
Favorol SA, Stores, Savièse
Favre Jacqueline et Marius, Anières
Favre Jean-Luc, St-Pierre-de-Clages
Favre Marie-Thé et Henri, Auvernier
Favre Myriam, Genève
Favre Olivier, Lavey-Village
Favre Roland R., Stallikon
Favre-Crettaz Luciana, Riddes
Favre-Emonet Michelle, Sion
Faye Paul, Argentière, France
Febex SA, Bex
Feiereisen Josette, Martigny
Felberbaum Claude, La Tsoumaz
Fellay Dominique, Genève
Fellay Tina, Martigny
Fellay-Pellouchoud Michèle, Martigny
Fellay-Sports, Monique Fellay, Verbier
Felley Marco, Martigny
Ferrari Olivier, Jongny
Ferrari Paolo, Brusino-Arsizio
Ferrari Pierre, Martigny
Fidaval SA, Jean-Michel Coupy, Sierre
Fiduciaire Bernard Jacquier S.à r.l., Martigny
Fiduciaire Jean Philippoz SA, Leytron
Fiduciaire Rhodannienne SA, Sion
Fillet Jean, pasteur, Thônex
Filliez Bernard, Martigny
Finasma SA, Bernard Verbaet, Cologny
Finaz Denis et Aline, La Tour du Pin, France
Firmann Denise, Verbier
Fischer Hans-Jürgen, Delémont
Flipo Jérôme, Tourcoing, France
Foire du Valais, Martigny
Fondazione Orchidea, Mauro Regazzoni, Riazzino
Forclaz Claude, Veyras
Forestier Stéphane, Auvernier
Forestier-Chométy Anne-Marie, Besançon, France
Fortini Christiane, Villars-sur-Ollon
Fournier Jean-Marie, Martigny
Frachebourg Jean-Louis, Sion
Franc Robert, Martigny
Franc-Rosenttal Eve, Martigny

Francey Mireille, Grandson
François Madelyne, Lyon, France
Franzetti Fabrice, Martigny
Franzetti Joseph, Martigny
Franzetti Pierre-Yves, Ayent
Franzetti-Bollin Elisabeth, Riddes
Frass Antoine, Sion
Frehner & Fils SA, Martigny
Fréour Michel et Nathalie, Nantes, France
Frey Hedwig, Estavayer-le-Gibloux
Friedli Anne et Catherine Koeppel, Fully
Friggieri Gabriel, Martigny
Frossard Dominique, St-Légier-La-Chiésaz
Frykman Anne, Anzère
Fulchiron Roland et Bernadette, Ecully, France
Fumeaux Jeannette, Conthey
Fumex Bernard, Evian, France
Fux Christine et Marcel, Viège
Gagneux Eliane, Bâle
Gaillard Fabienne et Yves, Martigny
Gailland Monique et Paul, Montagnier
Gaillard Benoît, Martigny
Gaillard-Ceravolo Anne-Marie et Jean-Pierre Vandevoorde, Genève
Gaillard Jean-Christophe, Martigny
Gaillard Philippe, Martigny
Galerie Claude Bernard, Paris
Galerie Daniel Varenne SA, Genève
Galerie Ditesheim, François Ditesheim, Neuchâtel
Galerie Mareterra Artes, Eeklo, Belgique
Galerie Patrick Cramer, Genève
Galland Christiane, Romainmôtier
Gallero-de-Chastel Anne et Jaime, Genève
Galletti Jacques et Yvette, Martigny
Galletti Mathilde, Monthey
Galofaro Marie, Traidpack S.à r.l., Martigny
Garage Check-point, Martigny
Garage Kaspar SA, Philippe Bender, Martigny
Garage Olympic, Paul Antille, Martigny
Gardaz Jacques, Chatel-Saint-Denis
Garnier Serge, Martigny
Gasser Marianne, Vouvry
Gault John, Orsières
Gautier Jacques, Genève
Gay-Balmaz Nicole, Martigny
Gay-Crosier François, Verbier
Gay-Crosier Philippe, Ravoire
Gay Dave, Martigny
Gay Marie-Françoise et Alain, Fully
Gebhard Charles, Küsnacht
Geissbuhler Frédéric, Auvernier
Gemünd Danièle, Castelveccana/Varese, Italie
Genetti SA, Riddes
Genoud Antoine, Sion
Genton Etienne, Monthey
Georges André, Chêne-Bougeries
Gérance Service SA, Villars-sur-Ollon
Gerber René, Bâle
Gertsch Jean-Claude, Neuchâtel
Gevaert Benoît, Verbier

Gianadda Laurent, Martigny
Gilliard Jeannine, Saint-Sulpice
Gilliéron Maurice, Aigle
Gilliéron Michel, Corcelles
Giovanola Denise et Alain, Martigny
Girard Pierre-Gaston, Lutry
Girod Dominique, Genève
Giroud Frédéric, Martigny
Giroud Marie-Louise, Chamoson
Gisler Monique, Préverenges
Glassey Energie SA, Albert Glassey, Martigny
Glauser-Beaulien Eudoxia et Pierre, Neuchâtel
Goeres Raymond, Kehlen, Luxembourg
Golay François, La Tour-de-Peilz
Golaz Edmond, Genève
Goldstein A. et S., Sion
Gollut Elisabeth, Lausanne
Gorgemans André, Verbier
Goury du Roslan Célian, Mies
Grandjean Claude, Le Mont-sur-Lausanne
Grasso Carlo, Peintre, Calizzano, Italie
Grecos Iraklis, Collombey
Gredig Rosemarie, Verbier
Gremion André, Muraz
Gretillat Monique, Neuchâtel
Gretsch Catherine, Prilly
Grieu Maryvonne, Bussigny
Grisoni Michel, Vevey
Groppi J.P. Mario, Genève
Gross Philippe, Gland
Gschwend Beata, Saint-Gall
Gudefin Philippe, Verbier
Guédon François, Fiduciaire et Gérance SA, Lausanne
Guelat Laurent, Fully
Guex-Crosier Jean-Pierre, Martigny
Guibat Jacqueline et Pierre, Villette
Guignard Marianne, Paris
Guigoz Françoise, Vex
de Guillebon Lorraine et Marc, Crans-Montana
Guilmault Cécile, Boulogne Billancourt, France
Guinnard Fabienne, Lausanne
Guittard Sylviane, Dommartin, France
Gurtner Gisèle, Chamby
Guyaz Claudine-Isabelle et Heinz Laubscher, Lausanne
H.J., Verbier
Haenggi Werner, Lens
Haenni Frederic, Genève
Haldimann Blaise, Sierre
de Haller Emmanuel B., Neftenbach
Halperin Noemi, Genève
Hanier Monique et Bernard, Randogne
Hannart Emmanuel et Marie, Lutry
Hardy Gérard, Notre-Dame-de-Bellecombe, France
Harsch Henri HH SA, Carouge-Genève
Hart-Albertini Karen, Verbier
Häusler Heribert, Klein-Winternheim, Allemagne

Held Michèle et Roland, La Tour-de-Peilz
Helvetic Trust, Rolf Spaeth, Lausanne
Henchoz Michel, Aïre
Henius Madeleine, Erde
Henry Gabrielle, Lausanne
Héritier & Cie, bâtiments et travaux publics, Sion
Héritier Régis, Savièse
Herrli-Bener Walter, Seewen
Hervé Jacques et Evelyne, Maurecourt, France
Heymann Irma, Binningen
Hintermeister James, Lutry
Hirt Sylvana, Bernex
Hobin Pascale, Cully
Hochuli Sylvia, Chêne-Bougeries
Hoffstetter Maurice, Blonay
Hoog-Fortis Janine, Thônex
Horisberger Eliane, La Chaux-de-Fonds
Hôtel Chalet Royal, Claire de Somer, Veysonnaz
Hôtel du Rhône, Otto Kuonen, Martigny
Hôtel Faucigny, Chamonix, France
Hôtel Masson, Anne-Marie Sévegrand, Veytaux-Montreux
Hôtel Mont-Rouge, Jean-Jacques Lathion, Haute-Nendaz
Hottelier Denis, Martigny
Hottelier Jacqueline, Plan-les-Ouates
Hottelier Patricia et Michel, Genève
Houriet Jean-Marc, Aigle
Huber André, Martigny
Hubert Patrick, Pully
Hubin Colette, Lausanne
Hug Antoinette et Michel, Chêne-Bourg
Hugenin Rose-Marie, Neuchâtel
Huguenot Marti Michelle, Fribourg
Hunziker Ruth, Veyrier
Hurni Bettina S., Genève
Iller Rolf, Haute-Nendaz
Imhof Anton, La Tour-de-Peilz
Imhof Charlotte, Corcelles
Implenia Construction SA, Martigny
Impresa di Pittura, Attilio Cossi, Ascona
Imprimerie Schmid SA, Sion
Ingesco SA, Genève
Interart SA, Charlotte Mailler, Genève
Invernizzi Fausto, Quartino
Iori Ressorts SA, Charrat
Iseli Bruno-François, Effretikon
Isler Brigitte, Lausanne
Is Wealth Management, Thomas Iller, Sion
IVA-Biotechnology, Bovernier
Jaccard Francis, Martigny
Jaccard Jacqueline, Chêne-Bougeries
Jaccard Marc, Morges
Jackson Marie-Christine, Lausanne
Jacquemin Jean-Paul, Martigny
Jacquérioz Michel, Martigny
Jacques & Cie, Henri-Albert Jacques, Genève
Jacques Yves, Evian, France

Jan Gloria, Lutry
Jansen Elizabeth, Ruinerwold, Pays-Bas
Jaquenoud Christine, Bottmingen
Jaquet Albert, St-Légier – La Chiésaz
Jarrett Stéphanie, Mont-sur-Rolle
Javalet Martine, Albertville, France
Jawlensky Angelica, Mergoscia
Jayet Monique, Sembrancher
Jeanneret Claude, Genève
Jobert Jacques, Plaine, France
John Marlène, Sierre
Joliat Jérôme, Genève
Jolly Irma, Blonay
Joris Françoise, Champex
Jotterand Michèle, Vessy
Jouvenat François, Bex
Juda Henri, Roedgen, Luxembourg
Juilland Antoine, Martigny
Jules Rey SA, Crans
Juvet Olivier et Maria, Louhans, France
Kaales Nicolaas, Salvan
Kahla Alexandre, Mollie-Margot
Kaiser Peter et Erica, Saint-Légier
de Kalbermatten Anne-Marie et Jean-Pierre, Sion
de Kalbermatten Isabelle, Salvan
Kapur Barbara et Harish, Ravoire
Karbe Kerstin, Blignoud / Ayent
Karrer Guido, Stadel
Kaufmann Peter G., Lausanne
Kegel Sabine, Genève
Kellermann Theresa, Montreux
Kennard Gabrielle, Anzère
Kesselring Bertrand et Maggie, Founex
de Kettenis Jacqueline et Jean, Uccles, Belgique
Kiefer Henri, Chamoson
Kilp Winfried et Angelika, Küsnacht
Kimpe Vincent, Savièse
Kirchhof Sylvia et Pascal, Thonon-les-Bains, France
Kirkpatrick Simon et Frederica, Verbier
Klaus Gabrielle, Epalinges
Kleiner Max, Staufen
Krafft-Rivier Loraine et Pierre, Lutry
Kresse Fabienne et Philippe, Vésenaz
Krichane Edith et Faïçal, Chardonne
Krieger-Allemann Roger et Arlette, Saint-Légier
Kugler Alain et Michèle, Genève
Kung Alain, Cointrin
Kuonen Gérard, Martigny
Labruyère Françoise, Auxerre, France
Lacroix Alain, Villars-sur-Ollon
Lacrouts Roger et Monica, Genève
Lagrange Claudine, Bulle
Lak Willem et Caroline, Les Granges/Salvan
Lambelet Charles-Edouard, Glion
Landgraf François, Saint-Sulpice
Langenberger Christiane, Conseillère aux Etats, Romanel-sur-Morges

Langraf Madeleine, Vevey
Lanzoni Rinaldo, Genève
Laroche Archie, Paris
La Semeuse, Marc Bloch, La Chaux-de-Fonds
Lasserre Bernard, Corcelles-Chavornay
Latour Claude, La Conversion
Laub Jacques, Founex
Lauber Joseph, Martigny
Laubscher Ariane, Croy
Laurant Marie Christine et Marc, Fully
de Lavallaz Christiane, Sion
Laydevant Françoise et Roger, Genève
Le Déclic, Brigitte Morard, Martigny
Ledin Michel, Conches
Le Floch-Rohr Josette et Michel, Confignon
Legros Christian, Verbier
Le Joncour Jean-Jacques, Chippis
Lemaitre Andrée, Lausanne
Lendi Beat, Prilly
Lenoir Thierry, Vésenaz
Leonard Gary, Ravoire
Leonardon Dominique, Zaragoza, Espagne
Le Roux de Chanteloup Danièle et Jean-Jacques, Champéry
Leroy Catherine, Le Mesnil le Roi, France
Leuthold Marianne et Jean-Pierre, Lutry
Leuzinger Claudia et Patrick, Thônex
Lévy Guy, Fribourg
Lewis-Einhorn Rose N., Begnins
Leyvraz Jacques, Lausanne
Lieber Anne et Yves, Saint-Sulpice
Lilla-Hinni Marcelle, Genève
Limacher Florence et Richard Stern, Eysins
Lindstrand Kai, Torgon
Livera Léonardo, Collombey
Livio Jean-Jacques, Corcelles-le-Jorat
Loewensberg Félix, Aigle
Logean Sophie et Christian, Meyrin
Lombardi Christiane, Minusio
Lonfat Juliane, Martigny
Long Dave, Sion
Lorenzetti-Ducotterd Marie-Antoinette, Minusio
Loterre Guy, Paris, France
Louviot Jacqueline, Villars-Burquin
Lucchesi Fabienne, La Croix-de-Rozon
Lucchesi Serenella, Monaco
Luce Fabrice, Galmiz
Lucibello Chercher Samir, Lausanne
Lugon Bernard, Martigny
Luisier Adeline, Berne
Lüscher Bernhard et Marianne, Winterthur
Lustenberger-Zumbühl Werner et Annelies, Littau
Mabilon Frédérique, Genève
Machado Alvaro, Lausanne
Maetzler Anne-Marie, La Fouly
Maillon François, Lyon, France
Maini Maria Teresa, Plaisance, Italie
Maison des Arts, Florence Ragnault, Aime, France

Malard Valérie, Fully
Mamon Delia, Verbier
Mantel Laurent, Paris
Marberie Nouvelle, Patrick Althaus, Martigny
Marchand Yves-Olivier, Onex
Maréchal Silvana, Chexbres
Mariaux Richard, Martigny
Marin Bernard, Martigny
Marin Yvan, Liddes
Martin Michel, Dijon, France
Martinetti Juliana, Saxon
Martinetti Raphy et Madeleine, Martigny
Martinez Sylvie, Neuchâtel
Mascarello Maria Teresa, Barolo, Italie
Massard Rita, Martigny
Masson André, Martigny
Massot Dominique, Genève
Mathieu Erich, Muraz
Matthey Pierre, Vésenaz
Maurer Willy et Jacqueline, Riehen
Maye Dominique Pascal, Carouge
Mayor Jean-Philippe, Yens
Mayor Mathias, Conches
Mayor Paulette, Sierre
McGrath Antonia, Champex
Mechta Nasria-Myriam, Sion
de Meester de Heyndonck Daniel, Venthône
Méga SA, traitement de béton et
 sols sans joints, Martigny
Mellen Annie et William, Bollène, France
Mendes de Leon Luis, Champéry
Menétrey-Henchoz Jacques et Christiane,
 Porsel
Menuz Bernard et Chantal, Satigny
Mercier Michèle, Savièse
Méric di Giusto Solange, Verpillières-sur-
 Ource, France
Merjeevski Michel, Ollon
Merotto Veronica, Aigle
Messner Tamara, Martigny
Mestdjian Marie Amahid, Genève
Métrailler Pierrot, Sion
Métrailler Sonia, Martigny
Métral Edgar, Sierre
Métral Raymond, Martigny
Metzler Hélène, Saint-Légier-La Chiésaz
Meunier Gérard, Achères-La-Forêt, France
Meunier Jérôme, Saint-Symphorien, Belgique
Meyer Daniel, La Tour-de-PeiMiallier Raymond,
 Clermont-Ferrand, France
Miauton Pierre-Alex, Bassins
Michaud Edith et Francis, Martigny
Michel Thierry, Grand-Saconnex
Michelet Freddy, Sion
Michellod Christian, Martigny
Michellod Guy, Martigny
Microscan Service SA,
 Chavannes-près-Renens
Migliaccio Massimo, Martigny
Miglioli-Chenevard Magali, Pully
Mittelheisser Marguerite, Illzach, France

Moillen Marcel, Martigny
Moillen Monique, Martigny
MOM Consulting SA, Bernard Schmid,
 Martigny
Mommeja Bernard, Genève
Monard Anne, Vex
Monnard Christian et Gabrielle,
 Martigny-Croix
Monnet André, Sion
Monnet Bernard, Martigny
Monnin Louis et Lily, Carouge
Montavon Maurice, Swiss caution, Effingen
Montessuit Jeanne et Geneviève
 Saint-Gervais-les-Bains, France
Montfort Evelyne, Hauterive
de Montmollin Violaine, Neuchâtel
Montoya Claire, Paris
Morard Hubert, Lyon, France
Moreillon Marie-Rose, Genève
Moret Claude, Verbier
Moret Raymonde, Martigny
Moretti Anne, Pully
Morin-Stampfli Alain, Indre, France
Moritz André, Rosheim, France
Moser Jean-Pierre, Lutry
Mottet Brigitte, Evionnaz
Mottier Raymond, Grimisuat
Moulin Jean-Claude, Chippis
Moulin Marine, L'Aigle, France
Moulin Raphaël, Charrat
Mouthon Anne-Marie, Marin-Epagnier
Mueller Marc Alain, Ins
Müller Christophe et Anne-Rose, Berne
de Muller Christiane, Verbier
Murena Doria, Rennaz
Muri René, Herzogenbuchsee
Nagovsky Tatiana, Genève
Nahon Philippe, Courbevoie, France
Nanchen et Guex, Martigny Immobilier SNC.
Nanchen Jacqueline, Sion
Nançoz Roger et Marie-Jo, Sierre
Nendaz Amédé, La Tzoumaz
Nicolazzi René, Genève
Nicolet Olivier, Chamoson
Nicollerat Louis, Martigny
Niebling Elisabeth et Charles, Arbaz
Noir Dominique, Monthey
Noordenbos-Huber Marianne, Eindhoven,
 Pays-Bas
Nordin Margareta, Crans-Montana
Norbert SA, Jérôme Jacquod, Martigny
Nordmann Alain, Crans-Montana
Nosetti Orlando, Gudo
Nuñes Eduardo et Isabel, Martigny
Obrist Reto, Sierre
OCMI Société Fiduciaire SA, Genève
Oertli Barbara, Bernex
Oetterli Anita, Aetingen
Oguey Bernard, Neuchâtel
Oortman Gerlings Paul et Caroline, Sergy,
 France

Ott Pierre-Alain, Genève
Otten J. D., Waalre, Pays-Bas
Ould ahmed Amar, Tipaza, Algérie
Overbeck Trude, Prilly
Paccolat Fabienne, Martigny
Pacifico Penny, Nendaz
Pacurariu Irina, Pully
Paley Nicole et Olivier, Chexbres
Pallavicini Cornelia, Zurich
Panizza Giovanni, San Michele, Italie
Papaux SA, Fenêtres, Savièse
Papilloud Gaël, CréActif, Martigny
Papilloud Jean-Claude, CréActif, Martigny
Passerini Jacques, Crans-Montana
Patrimoine et Gestion SA, Genève
Pattaroni Sara et Damien, Romont
Pefferkorn Jean-Paul, Limoges
Peillet Francis, Saint-Geniès-de-Cornolas,
 France
Pellaud Charly, Restaurant «La Boveyre»,
 Epinassey
Pellaud Fernande, Martigny
Pellissier Jean-Claude, Martigny
Pellissier Vincent, Sion
Pellouchoud Janine, Martigny
Peny Claude, Lausanne
Perez-Tibi Dora, Neuilly, France
Perraudin Georges, Martigny
Perraudin Maria, Martigny
Perrault Crottaz Danielle, La Tour-de-Peilz
Perret Alain, Vercorin
Perrin Charly, Martigny
Perroud Jean-Claude, Saxon
Pesant Virginie, Genève
Petch Anna, Verbier
Petersen Yvette, Saint-Maurice
Peterson Judith, Verbier
Petite Jacques, Martigny
Petroff Michel et Claire, Bellevue
de Peyer Béatrice, Onex
Pfefferlé Marie-Jeanine, Sion
Pfefferlé Raphaële, Sion
Pfister-Curchod Madeleine et Richard, Pully
Pharmacie de l'Orangerie, Antoine Wildhaber,
 Neuchâtel
Phenix Assurances, Lausanne
Philippin Bernard et Chantal, Le Châtelard
Phillips de Pury & Company,
 Katie Kennedy-Perez, Genève
Phillips Monique, Lausanne
Piatti Jeannine, Sion
Picard Jean, Muraz (Collombey)
Picard Valérie, Vessy
Picard-Billi Bianca, Chevreuse, France
Piccand Nicole, Villarvolard
Pignat Bernard, Vouvry
Pignat Daniel, d'Alfred, Plan-Cerisier
Pignat Daniel et Sylviane, Martigny-Croix
Pignat David et Laetitia, Martigny
Pignat Marc, Turin (Salins)
Pigott Peter H., Anzere

Piguet-Cuendet Jean-François, Cully
Pijls Henri M., Salvan-Les Granges
Pila Pierre, Lyon, France
Pillet Françoise, Martigny
Pillonel André, Genève
Pitteloud Anne-Lise, Sion
Pitteloud Janine, Sion
Pitteloud Paul-Romain, Les Agettes
Piubellini Gérard, Lausanne
Pizzante Lara, Genève
Plenar Georges, Sallanches, France
Plomb Jaques H., Gaiole in Chianti, Italie
Poirrier Yves, Saint-Cloud, France
Polli et Cie SA, Martigny
Pometta-Schmidt Caroline, Genève
Pommery Philippe, Verbier
Poncioni Marie-Madeleine, Martigny
Pont René-Pierre, Granges
Pouille François, Lille, France
Pourreau Josiane, Varces, France
Pouvesle Patrice, Burcin, France
Prahl Soren, Hilversum, Pays-Bas
Praz Bernadette, Sion
Préperier Michel, Le Châble
de Preux Marie-Madeleine, Verbier
de Preux Thierry, Lutry
PromoFlor, Bernard Masseron, Veyrier
Puech-Hermès Nicolas Philippe, Orsières
Puippe Janine, Ostermundigen
Puippe Pierre-Louis, Martigny
Raboud Hugues, Genthod
Raboud Jean-Joseph, Monthey
Radja Chantal, Martigny
Raemy Alphonse, Oulens
Raggenbass-Couchepin René et Florence, Martigny
de Rambures Francis, Verbier
Ramel Daniel, Jouxtens
Ramseyer Jean-Pierre, Grimisuat
Rappaz Pierre-Marie, Sion
Ratano Abraham, Mathod
Rausis Bernadette, Martigny
Rebelle Vouilloz Fabienne, Martigny
Reber Guy et Edith, Collonge-Bellerive
Rebord Mario, Martigny
Rebord Philippe, Fully
Rebstein Gioia et François, La Conversion
Regueiro Joaquin, Milladoiro, Espagne
Reiber Barbara, Savièse
Reicke Ingalisa, Bâle
Reitz Jaqueline, Jouxtens-Mézery
Remy Michel, Bulle
Renck Yvette, Monthey
Rentchnick Pierre, Saint-Julien-en-Genevois, France
Restaurant «Le Belvédère», Sandrine et André Vallotton, Chemin
Réthoré Alain, Marcilly-en Gault, France
Rettmeyer Denise, Rives-sur-Fure, France
Rettmeyer Evelyne et Franck, Rives-sur-Fure, France
Restaurant «Lion d'Or», Gennaro et Tonino La Corte, Martigny
Revel Mergène, Lutry
Reverdin Marion, Gryon
Rey-Günther Anita, Port
Reyers Anton, Les Marécottes
Reymond-Rivier Berthe, Jouxtens-Mézery
Richard Hélène et Hubert, Paris
Rieder Systems SA, Puidoux
Rigips SA, Usine la Plâtrière, Granges
Rimbault Dominik, Paris
Ritrovato Angelo, Monthey
Rivier Françoise, Aïre
Rivière Cécile, Morges
Robinet André et Henry Daniel, Fontaine-lès-Dijon, France
Rochat Elisabeth et Marcel, Les Charbonnières
Rochat Jean-Luc, Bienne
Rochat Véronique, Chexbres
Roduit Albert, Martigny
Roelants André, Lintgen, Luxembourg
Rollason Michèle, Genthod
Rommetin-Guibert Thierry, Crans-Montana
Rondi-Schnydrig Marie-Thérèse, Pfäffikon
Rosa-Doudin Donatella, Strasbourg, France
Rossetti Etienne, La Tour-de-Peilz
Rossier Marie-Jeanne, Fribourg
Roud Marza, Lausanne
Rouiller Bernard, Praz-de-Fort
Rouiller Jean-Marie, Martigny
Rouvinez Simon, Grimentz
Roux Françoise, Leysin
Roux Roland, Pully
Rovelli Paolo, Lugano
Ruchat René Armand Louis, Versoix
Rudhardt Klaus Jürgen, Cologne, Allemagne
Russo Ned, Arveyes
Rybicki Jean-Noël, luthier, Sion
Saint-Denis Marc, Vandœuvre-lès-Nancy, France
Salamin André, Le Châble
Salvan Paul et Franziska, Avully
Sanches João, Montreux
Saracco Paolo, Castiglione Tinella, Italie
Sarrasin Monique, Bovernier
Sarrasin Olivier, Saint-Maurice
Sarrasin Pascal, Martigny
Saudan Georges, Martigny
Saudan Pierre, Martigny
Saudan Xavier, Martigny
Sauthier Marie-Claude, Riddes
Sauthier Roger, Martigny
Sauvain Elisabeth et Pierre-Alain, Chêne-Bourg
Schaller-Herzig Harry, Martigny
Scheidegger Aurore et Frédéric, Martigny
Schelker Markus, Oberwil
Schenk Claire-Lise, Martigny
Schenker Erna, Corsier
Scheurer Gérard, Aigle
Schierbeek Ella, Vollèges
Schildknecht Julien, Massongex
Schippers Jacob, Martigny
Schlaeppi Elisabeth, Lutry
Schläpfer Andreas, Chexbres
Schlup Juliette et Hansrudolf, Môtier
Schmid Anne-Catherine, Saillon
Schmid Jean-Louis, Martigny
Schmid Monique, Saconnex-d'Arve
Schmid Trudi, Langenthal
Schmidt Immobilier, Grégoire Schmidt, Martigny
Schmidt Laurent, Martigny
Schmidt Pierre-Michel, Epalinges
Schmutz Aloys, Conthey
Schoeb Louise, Genève
Scholer Urs, Corseaux
Schwartz Jean-Pierre et Pascale, Sallanches, France
Schwieger Ian, Nyon
Seguin Elisabeth, Saint-Gengoux-le-National, France
Seigle Marie-Paule, Martigny
Serey Régine, Crans-Montana
Séris Geneviève et Jean-François, Ayse, France
Sermier Irma et Armand, Sion
Sermier Joseph-Marie, Vouvry
Severi Farquet Annelise et Roberto, Veyrier
Sicosa SA, Jean-Jacques Chavannes, Lausanne
Sidler Laetitia, Ruvigliana
Sieber Hans-Peter, Bellmund
Siegenthaler Marie-Claude, Tavannes
Siggen Remy, Chalais
Simon Marianne, Rüfenacht
Simonetta Anne-Lise, Ravoire
Simonin Josiane, Cernier
S. I. P. Sécurité SA, Vernayaz
Skarbek-Borowski Irène et Andrew, Verbier
Sleator Donald, Pully
Smith Thérèse et Hector, Montreux
Sola Philippe, Martigny
Solot Liliane, Crans-sur-Sierre
Sommer Alfred Walter, Pacific Palisades, Etats-Unis
Soulier Alain, Crans-sur-Sierre
Sousi Gérard, président d'Art et Droit, Lyon, France
Spinner Madelon, Bellwald
Srnka Catherine, Sierre
Stahli Georges, Collonge-Bellerive
Stähli Regula, Nidau
Stalder Mireille, Meyrin
Stassen Fabienne, Genève
Steeg François, Crans-sur-Sierre
Stefanini Giuliana, Wilen b. Wollerau
Steiner Eric, Grand-Saconnex
Steinmann Claire-Lise, Confignon
Stelling Nicolas, Estavayer-le-Lac
Stephan SA, Pierre Stephan, Givisiez
Stettler Martine, Martigny

Sthioul Catherine, Les Diablerets
Storno François, Genève
Stricker Marie-Claude, Vevey
Strohhecker Pierre, Gland
Strübin Peter, Viège
Stucky de Quay Jacqueline, Verbier
Studer Lore, Olten
Studer Myriam et Roland, Veyras
Suter Ernest, Staufen
Suter Madeleine, Grand-Saconnex
Tacchini Carlos, Savièse
Taeymans de Beer Bernadette et Dominique, Brent
Taillandier René, Paris
Taponier Jean, Paris
Taramarcaz Christa, Martigny-Croix
Taramarcaz José, Martigny-Croix
Tatti Brunella, Arzier
Tatti Pietro, Crans-Montana
Taverney Bernard, Epalinges
Terrettaz Roger, Martigny
Thaulaz Gérald, Villeneuve
Theumann Jacques, Saint-Sulpice
Thiébaud Alain, Peseux
Thomas Roger, Lutry
Thomson Ronald, Ravoire
Thonney Marlyse, Pully
Thullen Florence et Patrick, Dardagny
Thurau Roger, Venthône
Thüring Carole et Gontran, Paris
Thys Bill, Epalinges
Tissières André, Martigny
Tixier Wiriath Marie-France, St-Suplice
Tonascia Pompeo, Ascona
Tonon Corinne et Dominique Pelenc, Mirabel et Blacons, France
Tonossi Louis-Fred, Venthône
Tonossi Michel, Sierre
Tornay Charles-Albert, Martigny
Torosantucci Sandra, La Chaux-de-Fonds
de Torrenté Bernard, Sion
Torrione Joseph, Sion
Toureille Béatrice et Jacques, Genève
Touzet Dominique, Verbier
Trento Longaretti, Bergame, Italie
Troillet Jacques, Martigny
Tscholl Heinz-Peter, Unterstammheim
Türler I., Genève
Tyco Fire & Integrated Solutions SA, Préverenges
Ucova, Sion
Udriot Blaise, Martigny
Udry Ariane et Robin, Savièse
Uebelhart Daniel, Villeneuve
Uster von Baar Geneviève, Méru, France
Vallotton Electricité, Philippe Vallotton, Martigny
Valoris Immobilier SA, Christophe Guex, Martigny
Valorisations Foncières SA, Genève
van Beuningen Saskia, Cologny

van Dommelen Kristof, Bramois
van Dun Peter, Les Marécottes
van der Peijl Govert, Terneuzen, Pays-Bas
van der Tempel Gerhardus, Roosdaal, Belgique
Vanderheyden Dirk, Savièse
Vaney Claude, Crans-Montana
van Lippe Irène, Champéry
Vanni-Calvello Carine, Saint-Gervais-les-Bains, France
van Rijn Bernhard, Salvan
van Schaik Cornelis Adriianus, Haute-Nendaz
van Schelle Charles, Haute-Nendaz
Varga Laurence, Paris
Varone Benjamin, Savièse
Vasserot Lucienne, Pully
Vaudan Anne-Brigitte, Le Martinet
Vautravers Cosette et Edgar, Lausanne
Vecchioli Nicole, Crans-Montana
Vegezzi Aleksandra, Genthod
Veillon Françoise, Sierre
Veldhuyzen van Zanten Gerrit, Thyon-Les Collons
Verbierchalet Sàrl, Anne-Lyse Mac Manus, Verbier
Verrecchia Bruno, Saumur, France
Viard Burin Cathy-Silvia, Genève
Viatte Gérard et Janine, Verbier
Victor Carole et François, Fully
Vigolo David, Monthey
Vigreux Georges, Lyon, France
Vilchien Ingrid, Genève
Villafranca Fatoumata, Pessac, France
Viot Coster Isabelle, Genève
Viotto-Sorenti M.-Cristina, Courmayeur, Italie
Vireton Didier, Genève
Vité Laurent, Bernex
Vittoz Monique et Eric, Cernier
Vlad Ilinca, Lausanne
Vogel Pierre et Liline, Saint-Légier
Vogt Martine et Pierre, Saint-Légier
de Vogüé Béatrice, Crans-Montana
Voland Jacques, Sierre
Volland Marc, Grand-Saconnex
Vollenweider Ursula, Nyon
Voltini Nina, Préverenges
von Allmen Elfie, Verbier
von Arx Konrad-Michel, Clarens
von Balluseck Cécile, Villars-sur-Ollon
von Campe – Boisseau Frédérique et Gord, Chernex
von der Lahr Joachim et Evelyne, Villeneuve
von der Weid Hélène, Villars-sur-Glâne
von Engelbrechten Martine, Le Muids
von Moos Geneviève, Sion
Vouilloz Claude, Saxon
Vouilloz Jeanine, Sion
Vouilloz Philippe, Martigny
Vuadens Suzanne, Aigle
Vuignier Claire et Jacques, Martigny

Vuillaume R. SA, Robert Vuillaume, Genève-Châtelaine
Vuilleumier Denise, Genève
Vuilloud Pierre-Maurice, Monthey
Vulliez Guillaume, Lausanne
Wachsmuth Anne-Marie, Genève
Wadsworth Clare, Condom, France
Waegeli Gilbert et Pierrette, Meinier
Wagner-Zosso Ruth, Martigny
Walde Simone, Conthey
Waldvogel Guy, Prangins
Walewski Alexandre, Verbier
Walewski-Colonna Marguerite, Verbier
Walker Catherine, Genthod
Walpen Francis, Chêne-Bougeries
Walz Elke et Gerhard, St-Prex
Wasem Marie-Carmen, Sion
Webster Judith, Begnins
Wedmedev Anita, Crans-Montana
Whitehead Judith et Malcom, Martigny
Widmer Chantal, Grandvaux
Widmer Karl, Killwangen
Winkelmann Ingrid, Dünsen, Allemagne
Wirthner Claudine, Martigny
Wirz Christiane et Peter, Aigle
de Witt Wijnen Otto, Bergambacht, Pays-Bas
de Wolff Madeleine, Riehen
Wohlwend Chantal, Grand-Lancy
Wohnlich Rose-Marie et Edwin, Sion
Wuethrich Simone, Neuchâtel
Wurfbain Elisabeth, Haute-Nendaz
Wyer Gabrielle, Martigny
Zaccagnini Kathleen, Meyrin
Zagagnoni Daniel, St-Maurice les Chateauneuf, France
Zanetti-Minikus Guido, Füllinsdorf
Zanzi Luigi, Varese, Italie
Zatta Daniele, Mel Bellumo, Italie
Zbinden Yves et Corinne, Collonges
Zehnder Margrit, Beat et David, Hinterkappelen
Zehner Hugo, Sion
Zeller Jean-Pierre, Vernier
Zen Ruffinen Yves et Véronique, Susten/Leuk
Zermatten Agnès, Sion
Ziegler André et Jolande, Aigle
Ziegler-Suter Marianne, Zollikerberg
Zilio Anne-Lise, Monthey
Zink de Raczynski Richard, Thoiry, France
Zuber Jean-Philippe, Clarens
Zufferey Marguerite, Sierre
Zumstein Monique, Aigle
Zünd Gaye, Chailly-Montreux
Zürcher Manfred, Hilterfingen
Zwingli Jürg, Grand-Saconnex
Zwingli Martin, Colombier

Édités et coédités par la Fondation Pierre Gianadda

Paul Klee, 1980, par André Kuenzi (épuisé)
Picasso, estampes 1904-1972, 1981, par André Kuenzi (épuisé)
Art japonais dans les collections suisses, 1982, par Jean-Michel Gard et Eiko Kondo (épuisé)
Goya dans les collections suisses, 1982, par Pierre Gassier (épuisé)
Manguin parmi les Fauves, 1983, par Pierre Gassier (épuisé)
La Fondation Pierre Gianadda, 1983, par C. de Ceballos et F. Wiblé
Ferdinand Hodler, élève de Ferdinand Sommer, 1983, par Jura Brüschweiler (épuisé)
Rodin, 1984, par Pierre Gassier
Bernard Cathelin, 1985, par Sylvio Acatos (épuisé)
Paul Klee, 1985, par André Kuenzi
Isabelle Tabin-Darbellay, 1985 (épuisé)
Gaston Chaissac, 1986, par Christian Heck et Erwin Treu (épuisé)
Alberto Giacometti, 1986, par André Kuenzi
Alberto Giacometti, 1986, photos Marcel Imsand, texte Pierre Schneider (épuisé)
Egon Schiele, 1986, par Serge Sabarsky (épuisé)
Gustav Klimt, 1986, par Serge Sabarsky (épuisé)
Serge Poliakoff, 1987, par Dora Vallier (épuisé)
André Tommasini, 1987, par Silvio Acatos (épuisé)
Toulouse-Lautrec, 1987, par Pierre Gassier
Paul Delvaux, 1987
Trésors du Musée de São Paulo, 1988 :
    Ire partie : *de Raphaël à Corot*, par Ettore Camesasca
    IIe partie : *de Manet à Picasso*, par Ettore Camesasca
Picasso linograveur, 1988, par Danièle Giraudy (épuisé)
Le Musée de l'automobile de la Fondation Pierre Gianadda, 1988, par Ernest Schmid (épuisé)
Le Peintre et l'affiche, 1989, par Jean-Louis Capitaine (épuisé)
Jules Bissier, 1989, par André Kuenzi
Hans Erni, Vie et Mythologie, 1989, par Claude Richoz
Henry Moore, 1989, par David Mitchinson
Louis Soutter, 1990, par André Kuenzi et Annette Ferrari (épuisé)
Fernando Botero, 1990, par Solange Auzias de Turenne
Modigliani, 1990, par Daniel Marchesseau
Camille Claudel, 1990, par Nicole Barbier (épuisé)
Chagall en Russie, 1991, par Christina Burrus
Ferdinand Hodler, peintre de l'histoire suisse, 1991, par Jura Brüschweiler
Sculpture Suisse en plein air 1960-1991, 1991, par André Kuenzi, Annette Ferrari et Marcel Joray
Mizette Putallaz, 1991
Calima, Colombie précolombienne, 1991, par Marie-Claude Morand (épuisé)
Franco Franchi, 1991, par Roberto Sanesi (épuisé)
De Goya à Matisse, estampes du Fonds Jacques Doucet, 1992, par Pierre Gassier
Georges Braque, 1992, par Jean-Louis Prat
Ben Nicholson, 1992, par Jeremy Lewison
Georges Borgeaud, 1993

Jean Dubuffet, 1993, par Daniel Marchesseau
Edgar Degas, 1993, par Ronald Pickvance
Marie Laurencin, 1993, par Daniel Marchesseau
Rodin, dessins et aquarelles, 1994, par Claudie Judrin
De Matisse à Picasso, Collection Jacques et Natasha Gelman (The Metropolitan Museum of Art, New York), 1994
Albert Chavaz, 1994, par Marie-Claude Morand (épuisé)
Egon Schiele, 1995, par Serge Sabarsky
Nicolas de Staël, 1995, par Jean-Louis Prat
Larionov – Gontcharova, 1995, par Jessica Boissel
Suzanne Valadon, 1996, par Daniel Marchesseau
Edouard Manet, 1996, par Ronald Pickvance
Michel Favre, 1996
Les Amusés de l'Automobile, 1996, par Pef
Raoul Dufy, 1997, par Didier Schulmann
Joan Miró, 1997, par Jean-Louis Prat
Icônes russes, Galerie nationale Tretiakov, Moscou, 1997, par Ekaterina L. Selezneva
Diego Rivera - Frida Kahlo, 1998, par Christina Burrus
Collection Louis et Evelyn Franck, 1998
Paul Gauguin, 1998, par Ronald Pickvance
Hans Erni, rétrospective, 1998, par Andres Furger
Turner et les Alpes, 1999, par David Blayney Brown
Pierre Bonnard, 1999, par Jean-Louis Prat
Sam Szafran, 1999, par Jean Clair
Kandinsky et la Russie, 2000, par Lidia Romachkova
Bicentenaire du passage des Alpes par Bonaparte 1800-2000, par Frédéric Künzi (épuisé)
Vincent Van Gogh, 2000, par Ronald Pickvance
Icônes russes. Les Saints. Galerie nationale Tretiakov, Moscou, 2000, par Lidia I. Iovleva
Picasso. Sous le soleil de Mithra, 2001, par Jean Clair
Marius Borgeaud, 2001, par Jacques Dominique Rouiller
Les coups de cœur de Léonard Gianadda, 2001 (CD Universal et Philips), vol. 1
Kees Van Dongen, 2002, par Daniel Marchesseau
Léonard de Vinci - L'Inventeur, 2002, par Otto Letze
Berthe Morisot, 2002, par Hugues Wilhelm et Sylvie Patry (épuisé)
Jean Lecoultre, 2002, par Michel Thévoz
Picasso à Barceló. Les artistes espagnols, 2003, par Maria Antonia de Castro
Paul Signac, 2003, par Françoise Cachin et Marina Ferretti Bocquillon
Les coups de cœur de Léonard Gianadda, 2003 (CD Universal et Philips), vol. 2
Albert Anker, 2003, par Thérèse Bhattacharya-Stettler
Le Musée de l'automobile de la Fondation Pierre Gianadda, 2004, par Ernest Schmid
Chefs-d'œuvre de la Phillips Collection, Washington, 2004, par Jay Gates
Luigi le Berger, 2004, de Marcel Imsand
Trésors du monastère Sainte-Catherine, mont Sinaï Egypte, 2004, par Helen C. Evans
Jean Fautrier, 2004, par Daniel Marchesseau
La Cour Chagall, 2004, par Daniel Marchesseau

Félix Vallotton, les couchers de soleil, 2005, par Rudolf Koella
Musée Pouchkine, Moscou. La peinture française, 2005, par Irina Antonova
Henri Cartier-Bresson, Collection Sam, Lilette et Sébastien Szafran, 2005, par Daniel Marchesseau
Claudel et Rodin. La rencontre de deux destins, 2006, par A. Le Normand-Romain et Y. Lacasse
The Metropolitan Museum of Art, New York : Chefs d'œuvre de la peinture européenne, 2006, par Katharine Baetjer
Le Pavillon Szafran, 2006, par Daniel Marchesseau
Edouard Vallet, l'art d'un regard, 2006, par Jacques Dominique Rouiller
Picasso et le cirque, 2007, par Maria Teresa Ocaña et Dominique Dupuis-Labbé
Marc Chagall, entre ciel et terre, 2007, par Ekaterina L. Selezneva
Albert Chavaz. La couleur au cœur, 100ᵉ anniversaire, 2007, par Jacques Dominique Rouiller
Offrandes aux Dieux d'Egypte, 2008, par Marsha Hill
Léonard Gianadda, la Sculpture et la Fondation, 2008, par Daniel Marchesseau
Léonard Gianadda, d'une image à l'autre, 2008, par Jean-Henry Papilloud
Balthus, 100ᵉ anniversaire, 2008, par Jean Clair et Dominique Radrizzani
Martigny-la-Romaine, 2008, par François Wiblé
Olivier Saudan, 2008, par Nicolas Raboud
Hans Erni, 100ᵉ anniversaire, 2008, par Jacques Dominique Rouiller
Rodin érotique, 2009, par Dominique Viéville
Les gravures du Grand-Saint-Bernard et sa région, 2009, par Frédéric Künzi
Musée Pouchkine, Moscou. De Courbet à Picasso, 2009, par Irina Antonova
Léonard Gianadda, Moscou 1957, photographies, 2009, par Jean-Henry Papilloud
Gottfried Tritten, 2009, par Nicolas Raboud
Images Saintes. Maître Denis, Roublev et les autres. Galerie nationale Tretiakov, 2009, par Nadejda Bekeneva
Léonard Gianadda, Moscou 1957, photographies, 2010, par Jean-Henry Papilloud (version russe pour le Musée Pouchkine)
Nicolas de Staël 1945-1955, 2010, par Jean-Louis Prat
Suzanne Auber, 2010, par Nicolas Raboud
De Renoir à Sam Szafran. Parcours d'un collectionneur, 2010, par Marina Ferretti Bocquillon
Erni, de Martigny à Etroubles, 2011, par Frédéric Künzi
Monet au Musée Marmottan et dans les Collections suisses, 2011, par Daniel Marchesseau
Maurice Béjart, photographies de Marcel Imsand, 2011, par Jean-Henry Papilloud

À paraître

Francine Simonin, 2011, par Nicolas Raboud
Ernest Biéler, 2011, par Matthias Frehner et Ethel Mathier
Mécènes, les bâtisseurs du patrimoine, 2011, par Philippe Turrel
Martigny-la-Romaine, le Tepidarium, 2011, par François Wiblé
Portraits. Collections du Centre Pompidou, 2012, par Jean-Michel Bouhours
Portraits, photographies de Léonard Gianadda, 2012, par Jean-Henry Papilloud
Le Mythe de la Couleur. Collection Merzbacher, 2012, par Jean-Louis Prat
Marcel Imsand et la Fondation Pierre Gianadda, 2012, par Jean-Henry Papilloud
Sam Szafran, 2013, par Daniel Marchesseau

Citations

Les citations qui accompagnent les photographies de Marcel Imsand sont tirées du livre de Maurice Béjart, *La Mort subite*, Paris, 1991.

Crédit photographique

Toutes les photographies sont de Marcel Imsand, à l'exception des suivantes : France Vauthey Brun, p. 4 ; Gil Zermatten, pp. 8, 9, 14 ; Lydiane Pittet, p. 14 ; Sabine Papilloud, p. 17.

Table des matières

Des liens d'amitié toujours plus étroits	Annette et Léonard Gianadda	7
Le danseur, le photographe et le mécène	Jean-Henry Papilloud	11
Photographies de Maurice Béjart	Marcel Imsand	21
Repères chronologiques		
Maurice Béjart, Marcel Imsand, Léonard Gianadda		139
Amis de la Fondation Pierre Gianadda		145
Catalogues édités et coédités par la Fondation Pierre Gianadda		156

Editeur

Fondation Pierre Gianadda, Martigny, Suisse
Tél. +41 (0)27 722 39 78 - Fax +41 (0)27 722 31 63
http://www.gianadda.ch - e-mail : info@gianadda.ch

Impressum

Photographies : Marcel Imsand
Rédaction : Jean-Henry Papilloud et Sophia Cantinotti
Coordination : Anne-Laure Blanc
Mise en page : Alessandro Gabrielli, Musumeci
Composition, photolitho et impression : Musumeci S.p.A., 2011

© Marcel Imsand
© Fondation Pierre Gianadda
ISBN 978-2-88443-134-7

Achevé d'imprimer le 11 juin 2011